An Alex, für dein inspirierendes Video

An unsere Eltern, für eure Unterstützung trotz einiger Ängste

An Hadi, für dein Vertrauen
An Margot, für deine wertvolle Hilfe bei den Texten
An den talentierten Florian für alle Illustrationen in diesem Buch

An alle wunderbaren Menschen, die wir auf unserer Reise kennengelernt haben

Und schliesslich ein grosses Dankeschön an alle Personen, die unsere Abenteuer auf unserem Blog verfolgt haben. Eure Kommentare, Fragen und ermutigenden Worte haben uns motiviert und inspiriert.

Viele Reisegrüsse!

DESTINATION WELTREISE
Fabienne & Benoit Luisier
Florian Bellon (Illustrationen)

Für weitere Informationen über Fabienne und Benoit besuchen Sie ihre Seite www.novo-monde.com/de

ISBN: 978-2-940481-45-3
Verlag: Helvetiq
Übersetzungen: Bianka Kraus, Christine Guttenthaler
Lektorat: Helvetiq
Erste Ausgabe: Mai 2018

Hinterlegung eines Pflichtexemplars in der Schweiz
Mai 2018
Schweizerische Nationalbibliothek, Bern

www.helvetiq.com

DESTINATION
· WELTREISE ·

GIB ALLES FÜR DIE REISE DEINES LEBENS

FABIENNE & BENOIT LUISIER VOM NOVO-MONDE-BLOG
ILLUSTRATIONEN VON FLORIAN BELLON

INHALTSVERZEICHNIS

AUF DER REISE

MÖGLICHE GEFAHREN

GEMÜTSZUSTÄNDE

JEDEM SEINE EIGENE WELTREISE

EINLEITUNG

19 MONATE • 19 LÄNDER • 72 743 KILOMETER
213 BETTEN • 16 SPRACHEN

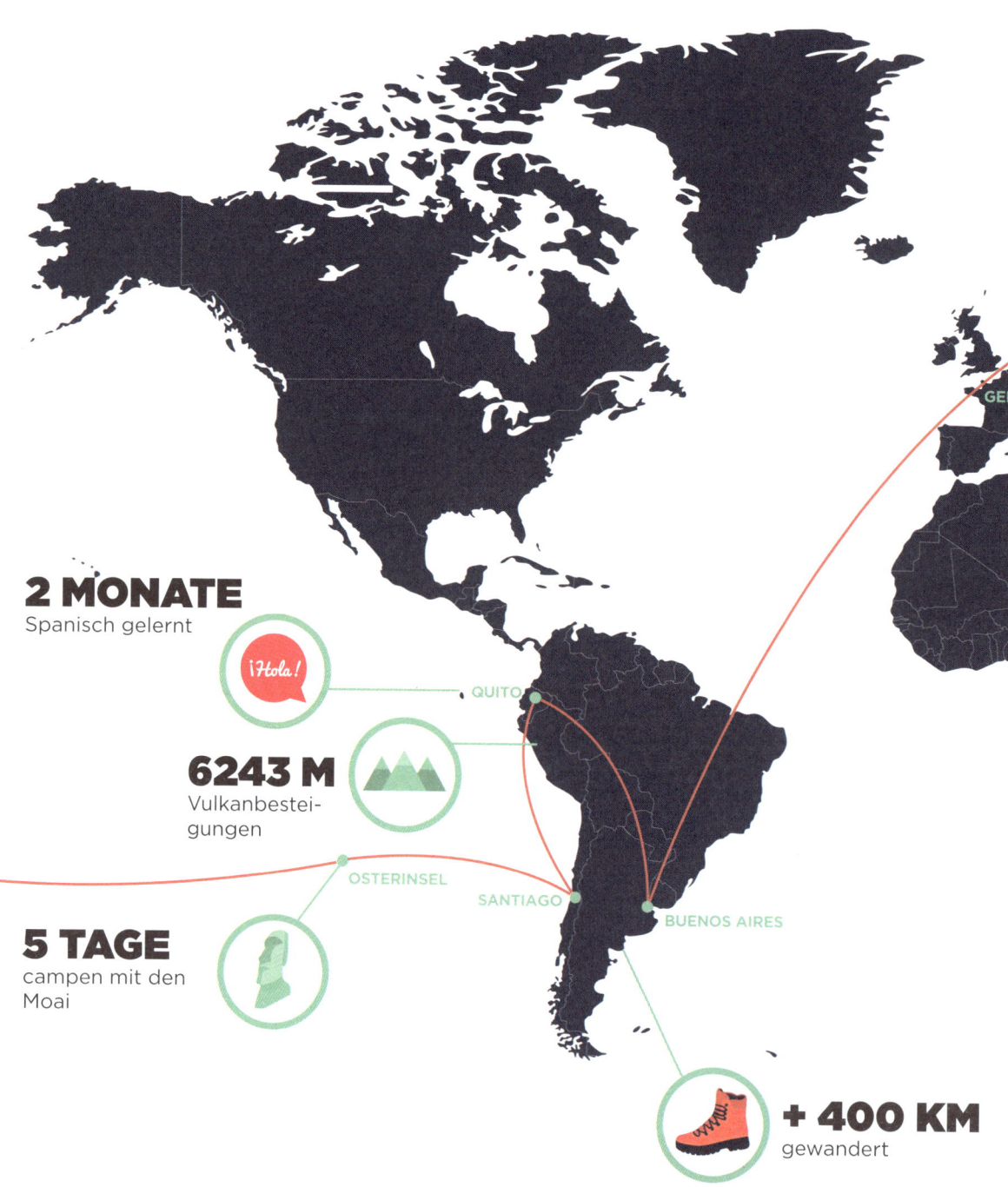

2 MONATE
Spanisch gelernt

¡Hola!

QUITO

6243 M
Vulkanbestei-
gungen

OSTERINSEL

SANTIAGO

BUENOS AIRES

5 TAGE
campen mit den
Moai

+ 400 KM
gewandert

GENF

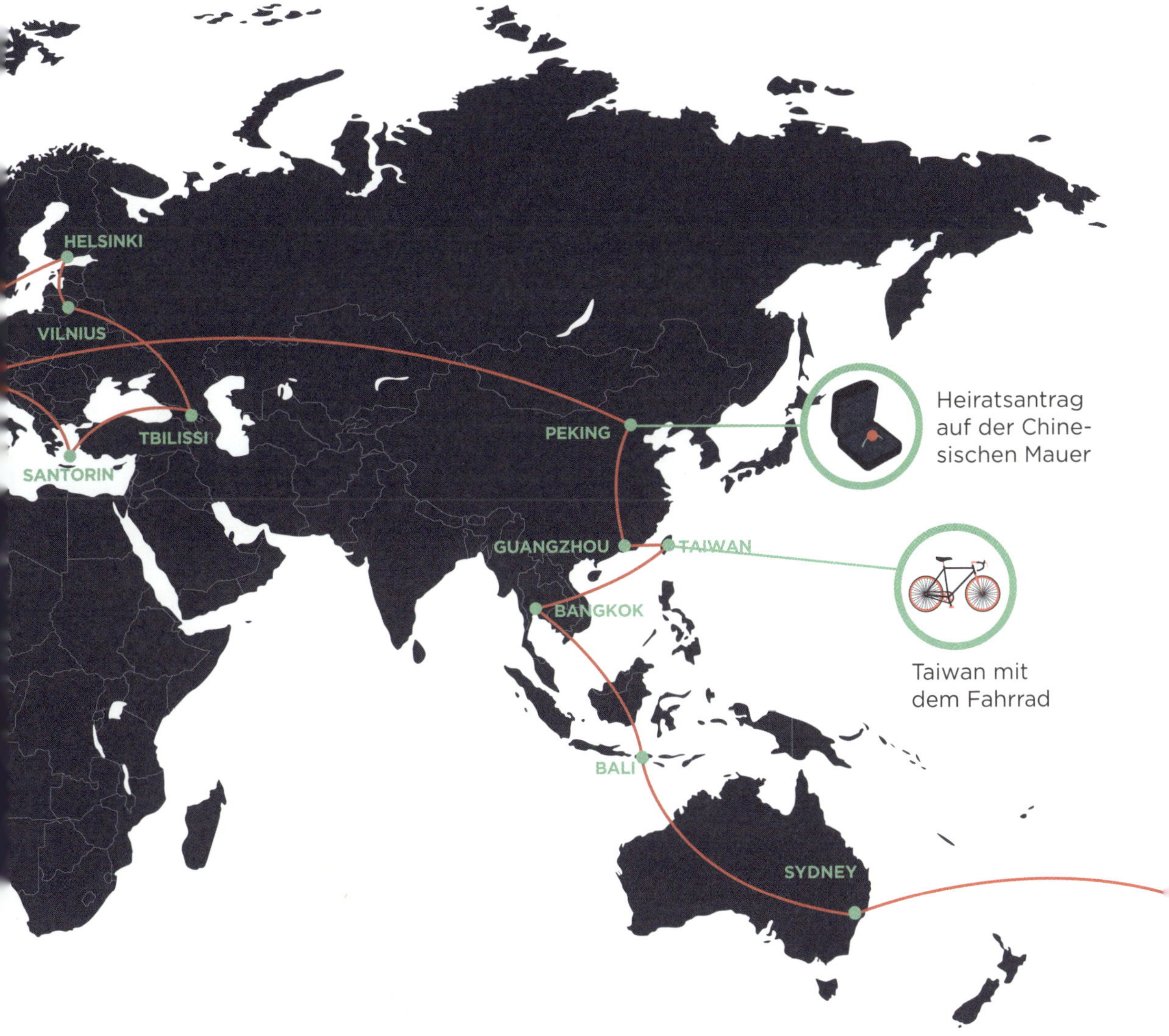

HELSINKI

VILNIUS

TBILISSI

SANTORIN

PEKING

GUANGZHOU

TAIWAN

BANGKOK

BALI

SYDNEY

Heiratsantrag
auf der Chine-
sischen Mauer

Taiwan mit
dem Fahrrad

32
regionale
Biersorten
getrunken

7
Vulkan-
besteigungen
(davon 4 aktiv)

53° C
Temperaturunterschied
bei einem Flug zwischen
Buenos Aires und
Helsinki

FABIENNE UND BENOIT

 **Fabienne & Benoit**

 F : Lausanne
B : Collombey
SCHWEIZ

 Alter zu Beginn der Weltreise
27 & 29 JAHRE

 www.novo-monde.com/de

| 0 | 2 | 4 | 6 | 8 | 10 | 12 | 14 | 16 | 18 | 20 | 22 | 24 | 26 | 28 | 30 |

DAUER DER REISE – 19 MONATE

 Beruf vor der Abreise
Marketingleiterin
Beruf nach der Rückkehr
Projektleiterin

 Beruf vor der Abreise
Doktorand in digitaler Biomechanik
Beruf nach der Rückkehr
Webentwickler

 ART DES URLAUBS Kündigung

 ABREISE 19.08.13

19 LÄNDER BESUCHT

CHINA - TAIWAN - HONGKONG - THAILAND - KAMBODSCHA - VIETNAM - LAOS - INDONESIEN - AUSTRALIEN - CHILE - ECUADOR - PERU - BOLIVIEN - ARGENTINIEN - FINLAND - GEORGIEN - LITAUEN - TÜRKEI - GRIECHENLAND

 Gewicht des Gepäcks
F : **14 KG**
B : **18 KG**

 Gesamtbudget für die Weltreise
36 000 €

UNSERE GESCHICHTE

Eine Weltreise machen? Was für eine Schnapsidee, werdet ihr jetzt vielleicht sagen ... und dennoch war dieses Vorhaben noch nie so einfach umzusetzen wie heute. Noch bis vor ein paar Jahrzehnten war es nur grossen Abenteurern und sehr wohlhabenden Personen vorbehalten, sich in das Abenteuer «Einmal rund um die Welt» zu stürzen.

Doch mein Gefühl sagt mir, dass, wenn ihr euch dieses Buch gekauft oder es geschenkt bekommen habt, es höchstwahrscheinlich daran liegt, dass euch dieser Gedanke nicht völlig fremd ist.

Wir – Fabienne und Benoit – sind zwei Schweizer, die bis zum 19. August 2013 ein geordnetes Leben geführt haben ... wie es sich eben gehört. An jenem Tag stürzten wir uns in ein Abenteuer, das unser weiteres Leben für immer verändert hat!

Doch bevor wir euch mehr über unsere Reise um die Welt erzählen, gehen wir in der Zeit noch einmal ein wenig zurück ... Im August 2011 – wir waren seit dreieinhalb Jahren ein Paar und hatten gerade unsere Uniabschlüsse in der Tasche – hatten wir beschlossen, uns eine Weile bei unseren österreichischen Nachbarn einzunisten, um erste Berufserfahrung zu sammeln. Es war an und für sich nichts Abenteuerliches. Da Benoit eine Promotionsstelle an der Technischen Universität Wien bekommen hatte, war es für uns eine ziemlich rationale Entscheidung.

Während wir langsam Gefallen an unserem neuen Wiener Leben fanden, hat ein simples Video unser Leben auf den Kopf gestellt. Durch Zufall bin ich bei der Arbeit darauf gestossen (entschuldigen Sie, ehemaliger Chef). Dieses Video hatte Alex, ein Reisender, der zwischen 2011 und 2012 eine Weltreise gemacht hatte, ins Netz gestellt. Er hat sich dazu entschlossen, seine Rundreise in einem fünfminütigen Video mit anderen Menschen zu teilen.

An jenem Abend hatten Benoit und ich ein leckeres Abendessen zubereitet und eine Flasche Rotwein geöffnet. Das Video? Wir haben es wahrscheinlich ein Dutzend Mal angeschaut, und jedes Mal waren wir aufs Neue hingerissen und verspürten diesen unbändigen Drang, es ihm nachzumachen.

Nach der zweiten Flasche (bitte urteilt nicht über uns …) gingen wir ins Bett. Keiner von uns beiden hatte es wirklich offen ausgesprochen, aber wir wussten – jeder für sich –, dass wir uns auch auf eine Weltreise begeben würden …

1 AN AUTOUR DU MONDE
EN 5MIN
ALEX VIZEO

In den folgenden Monaten wurde dieser Traum dann langsam zu einem Projekt. Ja, ein Projekt! Denn es ist nichts anderes als ein Traum mit einer Deadline, die man sich setzt. Für uns hiess das vor allem: mit der Planung beginnen, Ideen festhalten, aber auch Geld sparen. Im Dezember 2012 gaben wir unsere Kreditkartennummer auf einer Reisewebsite ein und buchten unsere Flugtickets. Dieser Schritt läutete offiziell den Start unseres Projekts ein. «Geschafft! Wir sind um unsere ersten paar Tausend Franken erleichtert. Jetzt gibt es kein Zurück mehr.»

Aber was haben wir getan? Sind das wirklich wir, die gerade auf den Bestätigungslink geklickt haben, der uns am 19. August direkt nach Peking befördern wird? Die Würfel waren gefallen. Jetzt mussten wir nur noch … unsere Angehörigen und Arbeitgeber darüber informieren. Überlegen, was wir mit unseren Sachen machen werden. An unsere Gesundheit denken: Impfungen, Versicherungen. Uns mit dem Verwaltungsaufwand auseinandersetzen, der mit einem 18-monatigen Leben ausserhalb des Radars verbunden ist. Die Zeit nutzen und vor der Reise noch möglichst viel Käse und Wurst essen.

Aber ich kann euch beruhigen. Auch wenn die paar Monate vor der Abreise eine emotionale Achterbahnfahrt waren, verlief alles sehr gut. An jenem 19. August 2013 standen wir dann mit unseren vollgepackten Rucksäcken am Bahnsteig … und machten uns auf den Weg zum Flughafen. An jenem Tag spuckten wir keine grossen Töne. Unsere Rucksäcke schienen eine Tonne zu wiegen. Wir hatten keine Ahnung, was uns nach dem Flug erwartete, und – lasst uns ehrlich sein – wir wussten auch nicht, ob wir es rund um die Uhr zusammen aushalten würden! Aber die folgenden 18 Monate waren die unglaublichsten unseres Lebens. Wir haben nichts Aussergewöhnliches vollbracht, keinen Rekord gebrochen, kein Neuland betreten. Wir sind nur zwei einfache Menschen, die eine überschaubare Erfahrung gemacht haben, die in unseren Augen jedoch einzigartig war. Mit diesem Buch hoffen wir, unsere Erfahrung teilen zu können: die Gründe, die uns dazu veranlasst haben, das Weite zu suchen, was uns diese Reise gebracht hat und praktische Tipps. Wir möchten euch inspirieren und dazu animieren, euch auch auf den Weg zu machen. Also? Bereit für die Weltreise?

WIESO EINE WELTREISE?

SEINE TRÄUME VERWIRKLICHEN ... OHNE REUE

Hattet ihr nie das Gefühl, nur einem vorgegebenen Weg zu folgen? Im Nachhinein trifft das auch auf uns zu ... unbeschwerte Kindheit, Studium, Studentenjob, WG, Liebschaften, erster richtiger Job, Karrierebeginn. Die logische Folge wäre wahrscheinlich gewesen: Karriere, Hochzeit, Haus, Auto, Kinder und zum Schluss Ruhestand. Aber in unseren Augen fehlte etwas in dieser Abfolge. Eine Hinterfragung war notwendig.

DIE LOGISCHE FOLGE

DIE ABENTEUER-SUCHE

Heutzutage werden Kreativität, Mut und Selbstständigkeit allzu oft vernachlässigt. Wir neigen dazu, unsere Träume aufzugeben und das zu tun, was von uns erwartet wird, uns für die Sicherheit zu entscheiden, anstatt unserem Herzen zu folgen. Wäre es nicht einmal an der Zeit, mehr auf unsere innere Stimme zu hören?

Als wir auf «Buchen» klickten und unsere Flugtickets bestellten, entschieden wir uns dafür, unser komfortables Leben hinter uns zu lassen, um unsere Reiselust zu verwirklichen. Wir begaben uns ins völlig Unbekannte. Natürlich hatten wir auch Zweifel. Aber uns fiel folgendes Zitat ein:

«Lass niemals zu, dass dich Zweifel überkommen. Sie könnten zur Gewissheit werden. Glaube stattdessen weiter an deine Träume, damit sie wahr werden.»

Alexandra Julien

Wenn es eines gibt, das uns diese Reise gelehrt hat, dann, dass man seine Träume nur mit Vertrauen und Mut verwirklichen kann. Mittlerweile sind wir davon überzeugt, dass, wenn man flexibel und aufgeschlossen bleibt und auf sich hört, schöne Dinge passieren werden. Das gilt sowohl für das Leben als auch für das Reisen.

Deshalb hier unser Tipp: Lebt euer Leben nicht ohne Perspektiven!

Nichts zu wagen, was einem am Herzen liegt, ist keine «sinnvolle» Option. Stattdessen könnte es sein, dass man den Rest seines Lebens mit Reue leben muss. Etwas bereuen ist viel schlimmer, als sich geirrt zu haben ... und aus Fehlern wird man klug.

SEINE KOMFORTZONE VERLASSEN UND ES WAGEN, ÜBER SICH HINAUS- ZUWACHSEN

Dieses Foto ist wahrscheinlich unser Lieblingsfoto von unserer Weltreise. Jetzt werdet ihr wohl sagen: «Das sieht doch nicht ungewöhnlich aus ... ein Foto von einem Liebespaar vor dem Machu Picchu. Im Wohnzimmer macht sich das toll.»

Ja, aber ich verrate euch ein kleines Geheimnis ... fünf Minuten vor der Aufnahme dieses Fotos sass ich inmitten dieser historischen Stätte auf dem Boden und hatte Tränen in den Augen. Keine Tränen der Freude oder der Traurigkeit, sondern Tränen der Erschöpfung. Um dorthin zu gelangen, mussten wir allein acht Tage lang über 160 Kilometer laufen und 16 000 Meter Höhenunterschied überwinden. Ich war völlig fertig!

Um die Geschichte hinter diesem Foto zu verstehen, muss man ein paar Wochen zurückrudern. Wir waren gerade im Norden Perus und sassen in einem Kleinbus, der uns zu einer Lagune brachte. Unterwegs freundeten wir uns mit einem deutschen Paar an, das vom Machu Picchu zurückgekehrt war und uns nun von seinem Abenteuer dieses achttägigen Trips erzählte. Für mich klang es eher wie eine Odyssee à la Mike Horn als eine Wanderung in der nahen Umgebung.

Der Haken daran war, dass ich, als ich Benoit anschaute, sah, wie er mit leuchtenden Augen an ihren Lippen hing! Aber er kannte mich. Daher hat er mir an jenem Abend einfach zugeflüstert: «Das Abenteuer der beiden Deutschen hörte sich spannend an, oder?» Ich deutete ein Lächeln an und wir schliefen ein.

In den darauffolgenden Tagen informierte ich mich näher darüber ... Gibt es einen Weg? Wie viele Menschen haben diese Tour bereits gewagt? Wie viel Essen muss man mitnehmen?

Und so sagte ich wenige Tage später aus einer Laune heraus zu Benoit: «Okay, versuchen wir es!»

Noch heute kann ich mir nicht erklären, was mich zu diesem Entschluss getrieben hat, aber eines ist sicher: Ich bin unglaublich stolz, dass ich dieses Ziel erreicht habe!

Nachdem wir uns über eine Woche lang selbst übertroffen haben, wird der Machu Picchu für uns immer ein besonderes Erlebnis bleiben.

Informiert man sich zu oft und überlegt man zu viel, beginnt man zu zweifeln. An sich selbst und seinen Kompetenzen zu zweifeln ist der beste Weg, nicht an sein Ziel zu gelangen.

WENIGER IST MEHR

Angenommen, euer Haus stünde in Flammen und ihr hättet nur drei Minuten Zeit, um eure wichtigsten Habseligkeiten zu retten. Was würdet ihr mitnehmen? Auf diese Frage antworten viele mit: Fotoalben oder Computer. Warum, glaubt ihr, gerade diese Dinge? Schliesslich sind im Leben Gegenstände nicht so wichtig, nur die Erinnerungen zählen, und die will man behalten.

Von unserer Reise haben wir zwar ein paar Kleinigkeiten wie einen Pullover aus Lamawolle oder ein Tuch aus Kambodscha mitgebracht. Aber abgesehen von Gegenständen sind wir vor allem mit zighundert neuen Erfahrungen und Anekdoten zurückgekehrt.

Was habt ihr am Freitag, den 1. November 2013 gemacht? Nur zu, ihr dürft einen Blick in euren Kalender werfen. Statistisch gesehen stehen die Chancen schlecht, dass ihr euch genau daran erinnert, ausser dieser Tag ist mit einem besonderen Ereignis verbunden.

Nicht einfach, was? Ich erinnere mich allerdings noch sehr gut daran. Am 1. November 2013 waren wir in Taiwan. Mit unseren gemieteten Fahrrädern und unserem Zelt im Rucksack fuhren wir die Ostküste der Insel entlang und suchten ein Plätzchen, wo wir die Nacht verbringen konnten. Wir erfuhren, dass das Polizeirevier der Stadt Fahrradfahrern anbot, ihr Zelt kostenlos in seinem Garten aufzustellen und die Duschen und Toiletten des Reviers mitzubenutzen. Kurzum, an jenem 1. November verbrachten wir die Nacht auf dem Revier.

Wenn man sich auf eine Weltreise begibt, sammelt man zighundert Erinnerungen, die für immer im Gedächtnis bleiben werden und die Persönlichkeit prägen. Deshalb sollten wir unvergesslichen Erfahrungen, die uns glücklich machen, mehr Bedeutung beimessen als dem neuesten angesagten Gadget.

72 zu 1 ... Diese Zahlen könnten fast an ein jämmerliches Ergebnis eines Basketballspiels erinnern, bei dem ein Team der ersten Liga gegen meine ehemalige Schulmannschaft spielt.

In diesem Fall geht es jedoch nicht um einen orangefarbenen Ball. Das Ergebnis steht für die Anzahl der Handtaschen in meinen Schränken vor unserer Abreise im Gegensatz zu der einzigen Handtasche, die ich zu jenem Zeitpunkt besass, als ich diese Zeilen in Thailand schrieb.

Was die Fashionista in mir und meine Kleidungskollektion betrifft, so musste ich umdenken. Aber ihr könnt mir glauben oder auch nicht: Meine Zuneigung zu dieser alten Tasche aus schwarzem Leder, die ich auf einem kleinen Markt in Bolivien gekauft habe, übertrifft bei Weitem die ganze Liebe, die ich meinen kleinen «Lieblingen» — wie ich sie liebevoll nannte — schenkte.

WENIGER DINGE MITZUNEHMEN BEDEUTET:
• Geringere Kosten •
• Mehr Platz für euch, eure Familie und eure Souvenirs •
• Weniger Bindung am Tag der Abreise •
• Umweltfreundlicher •
• Weniger Haushalt, der anfällt •

300 000

Das ist die durchschnittlichm Anzahl an Gegenständen, die jeder amerikanische Haushalt 2014 besass. Dazu zählt alles: vom Stift in der Schublade über die Waschmaschine bis hin zur Haarspange unter dem Spülbecken!

(Quelle: LA Times)

NEUE GESCHMÄCKER PROBIEREN

Wer kennt nicht den Moment, wenn man in einem Supermarkt wie eine verlorene Seele umherirrt und nur darauf wartet, dass einem eine göttliche Erleuchtung kommt und man dann eine Idee für ein originelles Menü hat? Uns passierte das fast jedes Mal. Letztendlich kommt einem nur selten die Erleuchtung und man flüchtet sich in seinen altbekannten Geschmack.

Bei uns war das die Zucchini. Ein Gemüse, bei dem wir mit Sicherheit sagen konnten, dass es zu allem schmeckt. Das Ergebnis? Egal, wer von uns beiden einkaufen ging ... wir kamen systematisch mit diesen verdammten Zucchini zurück.

Versteht mich nicht falsch. Ich habe nichts gegen Zucchini, aber es hat mich immer wahnsinnig gemacht, dass ich bei meinen Gerichten nicht kreativer war ... Zucchininudeln, gefüllte Zucchini, Tomaten-Zucchini-Couscous, gebratenes Hähnchen mit Zucchini und was weiss ich noch alles.

Bei unserem ersten Besuch des Wochenmarkts in Thailand haben wir selbstverständlich gekauft, was wir für Zucchini hielten. Der Haken daran? In geschnittener Form stellten sich diese Zucchini als Gurken heraus.

Nachdem der Anflug von Panik, dass wir unsere kostbaren Zucchini nicht hatten, vorbei war, mussten wir improvisieren. Nicht alle unsere Versuche waren von Erfolg gekrönt, aber wir haben dadurch leckere neue Rezepte entdeckt und sind nicht verhungert!

Auf Reisen verliert man sehr oft seine Orientierung. Was sich anfangs als ziemlich destabilisierend herausstellen kann, ist in Wirklichkeit ein wahrer Segen.

ANEKDOTE ━━━━━━

Im Süden Chinas, um 5 Uhr morgens, nach einer Nacht im Kloster. Wir waren die einzigen West-lichen und sassen mit den Mönchen im Speisesaal, um zu frühstücken. Was gab es zu essen? Ein Glas warmes Wasser (offenbar ist das gut für den Organismus) und einen kleinen Teller mit einer Kohlsorte. Ohne mir zu viele Fragen zu stellen, ass ich diesen Kohl. Nur wenige Sekunden später begann ich fürchterlich zu schwitzen und Tränen liefen mir über das Gesicht. Dieser Kohl ist bis heute das schärfste Gericht, das ich jemals gegessen habe! An jenem Morgen bekam ich nichts mehr hinunter, aber zumindest brachte ich die Mönche im Speisesaal zum Lachen.

SEIN ZEITGEFÜHL NEU DEFINIEREN

Das Zeitgefühl ist äusserst subjektiv. Wenn es eine Sache gibt, die mich während unseres Abenteuers um den Globus geprägt hat, dann sind es die verschiedenen Wahrnehmungen von Zeit, die es auf der Welt gibt. Aber auch mein Zeitgefühl hat sich drastisch verändert.

PARIS · LOS ANGELES · TOKIO

NEW YORK · LONDON · SYDNEY

ATHEN · MOSKAU · MEXIKO

«Mein liebster Zeitvertreib ist, die Zeit verstreichen zu lassen, Zeit zu haben, mir Zeit zu nehmen, Zeit zu verlieren, in meinem eigenen Tempo zu leben.»

Françoise Sagan, Toxique, 1964

Macht man eine lange Reise, wird man oft mit Situationen konfrontiert, in denen die Zeit wirklich keine Rolle mehr spielt. Auf einmal hat man mehr als genug Zeit! So macht einem eine dreistündige Busfahrt zu einer Lagune nichts mehr aus. Im Gegensatz dazu kamen uns noch wenige Monate zuvor die 45 Minuten mit dem Auto zu Freunden, bei denen wir zum Essen eingeladen waren, bereits wie eine Ewigkeit vor.

ANEKDOTE ━━━

Wir sitzen in einem Nachtbus in Laos und fahren zu den 4000 Inseln. Unsere Rucksäcke sind im Gepäckraum verstaut. Während wir vergeblich einzuschlafen versuchen, hält der Busfahrer immer wieder an, um Personen ein- und aussteigen zu lassen und Gepäck auszuladen. Zu keiner Zeit haben wir Angst um unsere Rucksäcke, bis die Frühstückspause ansteht ...

Wir suchen den ganzen Gepäckraum ab, aber mein Rucksack ist spurlos verschwunden. Dem Busfahrer wird schnell klar, dass mein Rucksack mitten in der Nacht wahrscheinlich mit einem Sack Reis verwechselt wurde. Wir steigen wieder in den Bus ein und zu meiner grossen Überraschung kehrt der Busfahrer mit allen Fahrgästen um. Ich begreife schnell, dass der Busfahrer zurückfährt, um zu sehen, ob er meinen Rucksack wiederfinden kann.

Nach 40 Minuten Fahrzeit sehen wir meinen Rucksack am Strassenrand! Ende gut, alles gut. Aber was glaubt ihr, wie die anderen Fahrgäste reagiert haben, die wegen meines Rucksacks zwei Stunden später an ihr Ziel gelangten? Als ich wieder einstieg, haben mich alle Passagiere mit einem breiten Grinsen empfangen. Sie waren froh zu sehen, dass ich meinen Rucksack wiedergefunden hatte!

Ich kann mir in unseren Breitengraden beim besten Willen kein ähnliches Szenario vorstellen, mir fällt es irgendwie schwer, mir auszumalen, dass 30 Personen von der Vorstellung begeistert sein könnten, dass ein Tourist seinen Rucksack wiedergefunden hat, nachdem er zwei Stunden Verspätung verursacht hat!

MEHR ZEIT FÜR SEINE INTERESSEN

«Zeit haben.» Von diesen beiden Worten träumen viele Menschen, und auf einer langen Reise erhalten sie auch ihre volle Bedeutung.

Als wir noch in Wien lebten, kam es oft vor, dass wir die Welt verbessern wollten. Bei einem Glas Wein sprachen wir dann über unsere Träume und Pläne. Aber die Bilanz war oft dieselbe: «Das klingt ja alles schön und gut, aber mit unserem derzeitigen Leben haben wir niemals Zeit, das alles umzusetzen!»

> «Zeit zu haben bedeutet für denjenigen, der nach Grossem strebt, das kostbarste Gut zu besitzen.»
>
> *Plutarch, Parallelbiografien, 100–102 n. Chr.*

Natürlich stellt man sich bei einer Weltreise in erster Linie vor, dass man viel reist, Landschaften bestaunt, neue Kulturen entdeckt, Leute kennenlernt usw. Aber vor allem bietet eine solche Reise die Möglichkeit, neue Dinge zu erlernen und sich voll und ganz einer Leidenschaft hinzugeben.

Oft hört man, dass eine Weltreise eine Lücke im Lebenslauf hinterlassen könnte. Glaubt uns: Es gibt nichts Besseres, als seinen Lebenslauf damit zu ergänzen! Über die «Soft Skills» wie Anpassungsfähigkeit und Aufgeschlossenheit hinaus kann man mit einer solchen Reise auch seine Kompetenzbereiche erweitern.

DIE KOMPETENZEN, DIE WIR NACH UNSERER WELTREISE UNSEREM LEBENSLAUF HINZUFÜGEN KONNTEN:

SPRACHEN
Es gibt nichts Besseres als einen zweimonatigen Intensivkurs in Ecuador und zwei Monate herumzustreifen, um Spanisch sicher zu beherrschen. Wir sind zwar nicht zweisprachig, aber könnten ohne Probleme an einer Sitzung teilnehmen und das Wesentliche verstehen.

FOTOGRAFIE
Bildeinstellungen, manuelle Einstellungen, Lichteinstellung, aber auch die Anwendung von Bildbearbeitungsprogrammen sind viele weitere Pluspunkte, die einen Lebenslauf aufwerten.

WEBPROGRAMMIERUNG
Benoit hat sich für das Thema begeistert, sodass er bei unserer Rückkehr glatt eine Stelle als Webentwickler gefunden hat, obwohl er diesen Beruf vor unserer Abreise nicht gelernt hatte.

Ihr habt es verstanden: Eine Weltreise ist auch eine einmalige Gelegenheit, endlich all die Dinge tun zu können, die man immer auf einen späteren Zeitpunkt aufgeschoben hat, weil man entweder keine Zeit oder keine Kraft dazu hatte. Nehmt euch die Zeit zum Lesen, eine Fähigkeit zu erwerben, die euch nützlich sein wird, ein Reiseziel genauer zu entdecken, Abstand zu gewinnen … ihr werdet sehen, das macht einen Heidenspass.

BEGEGNUNGEN

Auf Reisen begegnet man einer Menge von Personen. Manche sitzen mit einem gemeinsam am Mittagstisch, andere gehen ein paar Hundert Kilometer mit einem und einige andere wiederum begleiten einen den Rest des Lebens.

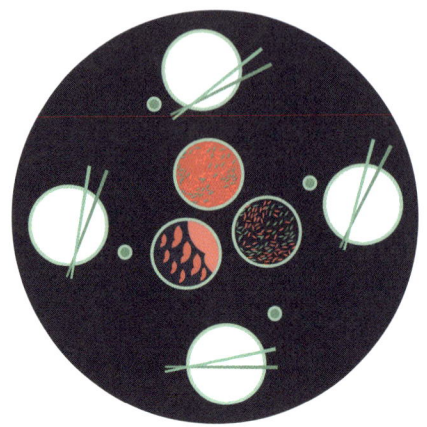

Als wir noch in Österreich lebten, haben wir uns auf beruflicher Ebene gut darauf vorbereitet, aber wir waren uns auch im Klaren darüber, dass es wahnsinnig schwierig ist, Personen ausserhalb des Arbeitsplatzes kennenzulernen.

Man begegnet oft Menschen, die nett zu sein scheinen: im Supermarkt, im Treppenhaus oder beim Sport. Aber das bedeutet leider nicht, dass man mit dieser Person auch wahre Freundschaft schliessen wird.

Unbekannte anzusprechen und kennenzulernen ist weitaus schwieriger, als der Bequemlichkeit halber in seinem Freundeskreis zu bleiben, den man sich im Lauf der Jahre aufgebaut hat.

Auf Reisen ist die Ausgangssituation anders: Auf andere zuzugehen ist oft das einzige Mittel, um an Informationen zu gelangen. Auch wenn die Sprache manchmal ein Hindernis sein kann, bleibt sie recht subjektiv. Niemand muss eine tiefgründige sozialpolitische Debatte mit einer Person führen, damit diese einen beachtet. Manchmal reichen ein paar Gesten und ein Lächeln völlig aus.

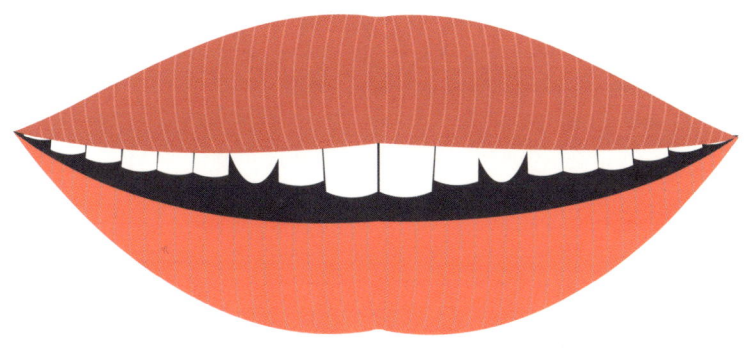

Unter Touristen ist das Ganze noch einfacher. Wir haben uns alle dazu entschlossen, eine Reise zu machen. Wir haben unseren Kokon verlassen. Dadurch haben wir schon einmal eine Gemeinsamkeit. Gesprächsthemen sind schnell gefunden. Zugegeben, die Gespräche beginnen oft mit folgenden Sätzen: «Woher kommst du? Was schaust du dir noch alles an? Wie lange bist du noch unterwegs?»

Manchmal bleibt es bei diesen Fragen. Manchmal aber hat man das komische Gefühl, sich seit eh und je zu kennen, obwohl man sich vor ein paar Stunden noch völlig fremd war.

Während unserer Weltreise haben wir unzählige Menschen kennengelernt. Die meisten von ihnen bleiben uns einfach nur sehr gut in Erinnerung, aber einige sind auch wahre Freunde geworden, mit denen wir noch heute Kontakt haben.

EIN WENIG AN SICH DENKEN

Ihr träumt davon, eine Weltreise zu machen? Man muss den Sprung wagen, sich die richtigen Fragen stellen und ein wenig egoistisch sein können.

Eine solche Entscheidung findet wahrscheinlich niemals allgemeine Zustimmung bei den Freunden, der Familie oder dem Chef, aber mit Sicherheit wird man danach um etliche Erfahrungen reicher sein. Jede Situation ist anders. Aber ihr müsst eines wissen: Wenn man von einem mehrmonatigen – oder sogar mehrjährigen – Abenteuer spricht, kann man noch so lange auf den Moment warten, an dem man Zeit nur für sich hat ... es wird nie den richtigen Zeitpunkt geben.

Unsere Reise wirkt sich nicht unbedingt auf die Welt aus, sondern die Reise bestimmt unser Leben und verändert so unsere Sichtweise der Welt.

Wie viele Menschen stellen ihre Träume zurück, weil das Timing nicht passt? Allerdings muss man zugeben, dass gewisse Faktoren zusammenspielen müssen; aber 99,9 % der Dinge, die in der Regel als Hindernis angesehen werden, sind in Wahrheit nur Ausreden.

Der richtige Zeitpunkt fällt nicht vom Himmel. Nur wenn man sich ein Ziel setzt und darauf hinarbeitet, wird es auch Wirklichkeit.

MAN MUSS KONKRETE ZIELE HABEN

Man sagt nicht: «Ich werde an dem Tag ver- reisen, an dem ich X beiseitegelegt haben wer- de.»

Sondern stattdessen: «Für die Reise brauche ich X. Wenn ich auf meine Ausgaben achte, kann ich monatlich Y beiseitelegen. Dann er- reiche ich X bis zum Monat M.»

Für Unvorhergesehenes rechnet man noch sechs Monate hinzu. Somit legt man das Ziel der Abreise auf M+6 fest! Einfach, oder?

SICHER SEIN, DASS JEDER TAG ZÄHLT

In unseren Breitengraden beträgt die Lebens- erwartung des Menschen etwa 83 Jahre. Mit 27 Jahren – so alt war ich bei unserer Abreise – hatte ich also bereits ein Drittel hinter mir. 10 000 Tage, die ich bereits auf dieser Erde verbracht habe, mit der Hoffnung, noch circa weitere 20 000 Tage leben zu dürfen. Aber Schluss jetzt mit den Statistiken: Zu Leben be- deutet nicht, die Tage zu zählen, die vergehen, sondern dafür zu sorgen, dass jeder Tag zählt.

(Quelle: Schweizerisches Bundesamt für Statistik)

To-Do List

- ☑ Auto verkaufen
- ☐ Mitgliedschaft im Fitnessstudio kündigen
- ☑ Bank benachrichtigen
- ☑ Visa beantragen
- ☐ Auslandskrankenversicherung abschliessen
- ☐ Reiseblogs lesen

INSPIRATION GEFÄLLIG?

8 «KLASSISCHE» ORTE, BEI DENEN WIR SPRACHLOS WAREN

Es ist schwierig, sich nur auf acht zu beschränken, doch gibt es auf der Welt Ecken, die uns auf unserer Reise zutiefst beeindruckt haben. Hier ist eine kleine Auswahl an Sehenswürdigkeiten, an denen man nicht vorbeikommt und die uns besonders gut gefallen haben.

DIE TEMPEL VON ANGKOR

Wir standen sehr früh auf und hatten so unseren ersten Kontakt mit den Tempeln von Angkor bei Sonnenaufgang. Nachdem wir auf unsere Räder gestiegen waren und uns an den Ort begeben hatten, setzten wir uns abseits von den Menschenmassen ausserhalb der Anlage hin, um den Sonnenaufgang zu bewundern. Die Farben und das Licht waren absolut märchenhaft.

DER FITZ ROY IN PATAGONIEN

Wir haben viele Wanderungen in Patagonien gemacht, doch der Fitz Roy ist wahrscheinlich der Berg, der uns am meisten beeindruckt hat. Dieser riesige Granitblock, um den die starken Winde in dieser Region toben, ist einfach meisterhaft. Wir waren von der kleinen Stadt El Chalten gestartet und unser Tagesziel war die Laguna de Los Tres. Diese Wanderung ist relativ anstrengend, aber die Landschaft und vor allem die Aussicht, wenn man bei der Lagune ankommt, sind all die Mühe wert.

DIE BLAUEN FLAMMEN DES VULKANS IJEN

Nachdem wir um 2 Uhr morgens aufgestanden und eineinhalb Stunden im Licht unserer Stirnlampen bergauf gestiegen waren, kamen wir mitten in der Nacht am Gipfel des Vulkans Ijen in Indonesien an. Warum kommt man in der Nacht hierher? Weil man dann in den Krater dieses aktiven Vulkans hinabsteigen und ein wahres Naturwunder bestaunen kann: die blauen Flammen. Bei den blauen Flammen handelt es sich in Wirklichkeit um Schwefelgas, das aus dem Krater austritt und sich beim Kontakt mit der Luft entzündet. Wenn diese Flüssigkeit einmal fest wird, verwandelt sie sich in Schwefel, das die Minenarbeiter von Ijen wiederum aus dem Krater holen.

DIE CHINESISCHE MAUER

Diese riesige, 8500 Kilometer lange Steinmauer wird in unseren Augen für immer einen besonderen Platz einnehmen. Hier machte mir Benoit nach einem Tag des Wanderns entlang eines
abseits gelegenen Teils dieses riesigen Bauwerks bei Sonnenuntergang den Heiratsantrag.

Doch abgesehen vom schönsten Heiratsantrag der Welt behalten wir die Chinesische Mauer
als etwas Grossartiges in Erinnerung wegen der wilden Abschnitte, in denen die Natur langsam
Überhand gewinnt.

DER MACHU PICCHU

Der Machu Picchu zählt zu den sieben neuen Weltwundern und lässt niemanden kalt. Diese alte Inkastadt ist die Hauptattraktion von Peru und wahrscheinlich einer der meistfotografierten Orte der Welt.

Wir haben entschieden, uns Machu Picchu über eine achttägige, selbst organisierte Wanderung anzunähern, und die Stadt sollte unsere Belohnung sein. Am Abend vor der Ankunft erreichten wir völlig erschöpft das äusserst kitschige Dorf Aguas Calientes, das am Fuss der Inkastadt liegt. An jenem Abend wurde uns vor lauter Hektik Angst und Bange und wir fragten uns, ob mit dieser Menschenmasse nicht die Magie des Ortes etwas verloren gehen würde. Am nächsten Tag stiegen wir etwa 1800 Stufen vom Dorf hinauf zur Inkastätte und waren tatsächlich die Ersten vor dem Eingang. Als wir endlich dort waren und uns dieser absolut einzigartige Blick zu Füssen lag, hatten wir unsere Zweifel vom Vorabend sofort vergessen. Der Zauber hatte funktioniert, wir waren vollkommen entzückt.

SONNENAUFGANG IN BAGAN, MYANMAR

Während unserer Weltreise beschlossen wir, dass wir den Besuch von Myanmar auf später verschieben würden. Also kehrten wir 2017, drei Jahre später, nach Asien zurück. Bei dieser Reise galt unsere grosse Liebe unumstritten den unglaublichen Sonnenaufgängen auf der Ebene von Bagan. Die Farben und die Stimmung an diesem Ort mit über 2800 Tempeln und Stupas sind einfach atemberaubend. In der Hochsaison wird das Bild noch verstärkt durch etwa 30 Heissluftballons, die jeden Morgen starten, damit einige Touristen den Sonnenaufgang vom Himmel aus bewundern können. Bei einem Preis von 250 Dollar für einen 45-minütigen Flug mit dem Heissluftballon haben wir uns für den festen Boden entschieden, aber ihr könnt uns glauben ... wir haben es nicht bereut.

DIE MOAI AUF DER OSTERINSEL

Die Osterinsel ist ein mysteriöser und fesselnder Ort. Niemand weiss wirklich, wie die berühmten Statuen oder gar die ersten Einwohner auf dieser 3000 Kilometer vom Festland und 2000 Kilometer von der nächsten «Nachbarinsel» entfernt liegenden Insel gelandet sind. Wir hatten das Glück, eine Woche auf dieser Vulkaninsel verbringen zu können, und als wir sie verliessen, waren wir voll und ganz dem Charme ihrer Landschaften und der Atmosphäre erlegen.

Die Besonderheit der Insel? Es gibt nur ein einziges bewohntes Dorf, Hanga Roa. Der Rest der Insel ist völlig unberührt, ein absolutes Geschenk für Wander- und Naturfreunde.

DER SALAR DE UYUNI IN BOLIVIEN

Bevor wir im Salar ankamen, hatten wir Hunderte von Fotos anderer Reisender gesehen, die sich dort in Positur stellten und mit den Perspektiven in dieser riesigen Salzwüste spielten. Wir stellten uns also auf Salz ein, auf viel Salz und vielleicht noch ein paar Lamas und Alpakas. Damit wir so viel wie möglich sehen konnten, buchten wir eine viertägige Tour, bei der sowohl der bekannte Salar als auch die Region Sur-Lipez besichtigt wurden.

Wie soll ich nur erklären, wie viel Schönes wir in diesen wenigen Tagen zu sehen bekamen. Irgendwann hörten wir auf zu zählen, wie oft wir sagten: «Wow, das ist das Unglaublichste, das ich je gesehen habe!» Bei jedem Stopp, jeder Lagune, jedem Flamingo standen wir mit weit aufgerissenen Augen da und sagten uns, das wir so eine Landschaft noch nie gesehen hatten. Ein landschaftliches Highlight, das wir nie vergessen werden.

8 WENIG BEKANNTE ORTE, DIE MAN UNBEDINGT ENTDECKEN MUSS

DIE HOCHEBENE VON SICHUAN, CHINA

Als wir nach China kamen, beschlossen wir, in die Provinz Sichuan zu fahren, genauer gesagt in den westlichen Teil, der sich nur wenige Kilometer von Tibet entfernt befindet. Wegen des Visums, aber auch wegen logistischer und politischer Einschränkungen ist Tibet eine Region, die für Touristen nur sehr schwer zugänglich ist. In diesem Teil Chinas ist der tibetanische Buddhismus sehr präsent und unsere Reise war eine einzigartige Gelegenheit, einige Tage in die faszinierende Welt der Nomadenvölker einzutauchen. Wir haben uns in die unergründlich weiten Ebenen und den Blick auf unglaubliche, über 7000 Meter hohe Berggipfel ohne Zweifel verliebt.

DER NATIONALPARK BA BÉ IN NORDVIETNAM

Dieser Naturpark befindet sich in Nordvietnam in einer herrlichen Umgebung, aber was uns besonders beeindruckte, waren der unglaublich freundliche Empfang und die Authentizität der Einwohner. Bereits bei unserer Ankunft in unserem kleinen Gästehaus am Ufer des Ba-Be-Sees fühlten wir uns wie in einem kleinen Kokon. In Begleitung eines lokalen Führers verbrachten wir drei unglaubliche Wandertage in der Gegend. Wir probierten eine Vielzahl an Spezialitäten in den Dörfern der Umgebung und tauschten uns mit den Vietnamesen aus. Und all das in einer prachtvollen Landschaft.

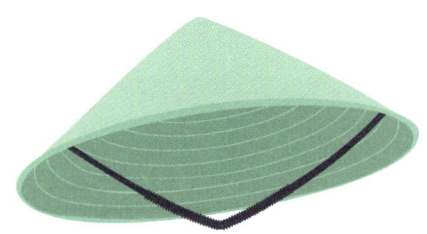

SAJAMA IN BOLIVIEN

Sajama, das ist sowohl der Name des mit 6548 Metern höchsten Bergs in Bolivien als auch des Nationalparks um den Vulkan herum, der sich an der Grenze zu Chile befindet. Diese Region wurde als Nationalpark anerkannt, denn hier befindet sich der höchstgelegene Wald der Welt, mit Bäumen, die auf einer Höhe zwischen 4500 und 5200 Metern Höhe wachsen. Was diesen Ort so einzigartig macht, ist in unseren Augen nicht unbedingt der Wald selbst, sondern vielmehr die prächtige Umgebung, in der sich der Park befindet. Vulkane, farbige Lagunen, Flamingos, Vikunjas und Alpakas grasen hier nebeneinander in einer 100-prozentig natürlichen Umgebung, die vom Massentourismus geschützt ist.

DIE PARADIESISCHEN STRÄNDE VON LOMBOK IN INDONESIEN

Wir sind nicht gerade Strandfans. Im Lauf unserer Reise haben wir keine zehn Tag am Strand verbracht, das sagt schon alles. Doch in Lombok war es einfach unmöglich, sich nicht zu einem Strandbesuch hinreissen zu lassen. An diesen Traumstränden probierten wir übrigens zum ersten Mal das Wellenreiten aus. Ich würde nicht so weit gehen zu behaupten, dass unsere Versuche von Erfolg gekrönt waren, doch wenn wir schon nicht Meister im Gleiten wurden, dann haben wir doch zumindest die wunderschöne Umgebung genossen.

DIE BUNTE STADT VALPARAISO

Pablo Neruda schrieb: «Wenn wir alle Treppen von Valparaiso erklimmen, sind wir einmal um die Welt gelaufen.» Valparaiso liegt 115 Kilometer nordwestlich von Santiago und ist auf mehreren Hügeln mit Blick auf den Pazifik erbaut. «Valpo», wie es die Kenner nennen, ist mehr als nur eine Stadt, es ist ein wahres Freilichtmuseum. Der Grossteil der Häuser ist in bunten Farben angemalt und Street Art ist hier allgegenwärtig. Uns hat die einzigartige, etwas unkonventionelle Stimmung, die dort herrscht, sehr gefallen und wir können einen Spaziergang in dieser farbenfrohen Stadt nur empfehlen.

DIE LAGUNA QUILOTOA IN ECUADOR

Das war unsere erste längere Wanderung in Südamerika nach einer zweimonatigen Pause, während der wir in Quito Spanisch lernten. Wir entschieden uns für einen viertägigen Wanderweg,
der die Laguna de Quilotoa mit dem kleinen Dorf
Isinlivi verbindet. Die Laguna Quilotoa ist absolut
spektakulär. Es handelt sich genau genommen um
einen smaragdgrünen See in einem Vulkankrater, in
den man hineinwandern kann. Danach führte uns
der Weg zu typischen ecuadorianischen Dörfern,
einem Eukalyptuswald und schwindelerregend hohen Canyons. Diese Tour ist ein Muss, wenn man
die ausgetretenen Pfade verlassen und die Anden-
kultur in Ecuador entdecken will.

DER CIERRO DE LOS SETE COLORES IN NORDARGENTINIEN

In Salta haben wir ein Auto für unseren
Roadtrip in Nordargentinien gemietet. In
Humahuaca sassen wir auf der Terrasse
eines Cafés, als wir mit dem Kellner ins
Gespräch kamen. Er empfahl uns, zum
Mirador del Hornocal zu fahren, einem
Aussichtspunkt, den man auf keinen
Fall verpassen sollte. Abgesehen von
der Tatsache, dass unser kleiner Corsa
auf der bergigen Schotterstrasse fast
draufgegangen wäre, müssen wir zugeben, dass der Rat unseres Freundes ein
guter war. Der 40-minütige, etwas un-
übersichtliche Weg führte uns zu einem
ungeahnten Aussichtspunkt: Gegenüber
von uns befand sich der Cierro de Siete
Colores, ein Berg, der aussieht, als hätte
ihn ein Maler gemalt, so sehr erinnerten
seine Farben an ein Gemälde.

DIE HÖHLEN DES NATIONALPARKS PHONG NHA-KE BANG IN VIETNAM

In diesem Nationalpark befindet sich die grösste Höhle, die je entdeckt wurde, die Son-Doong-
Höhle. Diese Höhle wurde 1991 entdeckt und 2009
zum ersten Mal erforscht. Sie ist eigentlich eine
Fortsetzung von mehr als 100 Höhlen, die sich
auf einer Distanz von 7 Kilometer erstrecken und
in deren Inneren ganze Dschungel wachsen. Aber
man sollte wissen, dass diese Höhle nicht für die
Öffentlichkeit zugänglich ist, zumindest nicht für die
breite Öffentlichkeit. Doch es gibt in dieser Region
noch andere, kleinere Höhlen, die man problemlos besichtigen kann. Letztere sind sicherlich nicht
180 Meter hoch wie die Son-Doong-Höhle, aber sie
sind nicht weniger eindrucksvoll. Die Höhlen des
Nationalparks Phong Nha-Ke Bang sind bei Weitem
die grössten Höhlen, die wir besichtigt haben, und
wir erinnern uns sehr gern daran.

8 UNGEWÖHNLICHE GERICHTE AUS ALLER WELT

Eine Reise bietet einerseits die Möglichkeit, vom Alltag zu fliehen, aber sie bietet auch die Gelegenheit, seine Geschmacksnerven herauszufordern.

DAS CUY ODER MEERSCHWEINCHEN
WO? In Lima, Peru.
WAS? Riesige Meerschweinchen auf dem Grill oder am Spiess zubereitet.
WIE WAR ES? Eine wahre peruanische Spezialität, die man unbedingt probieren sollte. Im Geschmack ähnelte es ein bisschen einem Hasen, aber mit weniger Fleisch.

LEBENDE AMEISEN MIT ZITRONENGESCHMACK
WO? Im Amazonasgebiet von Ecuador.
WAS? Während einer Wanderung gab uns der Führer ein paar kleine Ameisen zu probieren, direkt vom Baum. Man muss nicht erwähnen, dass wir sie lebendig essen mussten.
WIE WAR ES? Mich ekelte es etwas davor, ein lebendes Tier in meinen Mund zu stecken, und ich glaube nicht, dass es je eines meiner Lieblingsgerichte sein wird. Aber der leichte Zitronengeschmack war ehrlich gesagt nicht unangenehm.

BALUT
WO? Auf den Philippinen.
WAS? Balut ist ein Entenei, das zwischen 10 und 21 Tagen ausgebrütet wurde.
WIE WAR ES? Wir persönlich haben es nicht getestet, aber Charline und Alex haben sich der Herausforderung gestellt, als sie auf den Philippinen waren. Das Interview mit ihnen findet ihr auf S. 170.

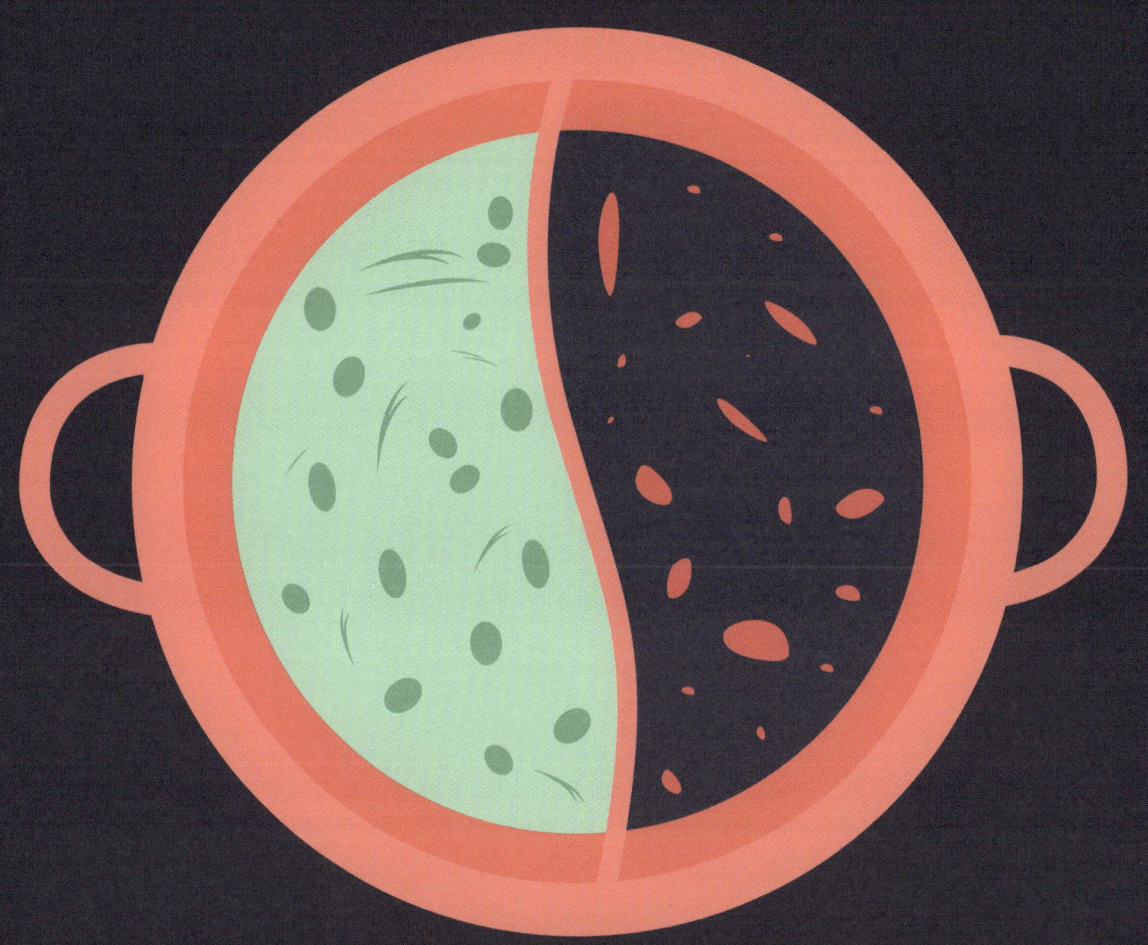

DER FEUERTOPF

WO? Kunming, China.
WAS? Das Äquivalent eines chinesischen Fondues, aber mit zwei Brühen zur Auswahl.
WIE WAR ES? Eine Brühe war nur noch scharf. Es war ehrlich gesagt eines der schärfsten Gerichte, die wir je in unserem Leben gegessen haben. Jeder Bissen war eine Herausforderung, bei der uns die Tränen kamen.

KAFFEE LUWAK

WO? In Indonesien.

WAS? Es ist eine der teuersten Kaffeesorten der Welt.

DIE BESONDERHEIT? Die Kaffeefrüchte werden vom asiatischen Fleckenmusang gefressen. Das Tier verdaut nur das Fruchtfleisch und scheidet den Kern mit seinen Exkrementen wieder aus. Die Kaffeeproduzenten sammeln die Kaffeebohnen dann ein. Die Verdauungssäfte der Katze verleihen dem Kaffee scheinbar einzigartige Eigenschaften. Achtung: Einige Zuchten sind nicht sehr tierfreundlich (siehe S. 108).

WIE WAR ES? Wir sind keine besonderen Kaffeekenner. Doch für uns glich der Geschmack einem normalen Kaffee.

YAKBUTTER

WO? Weit verbreitet in der Mongolei und in Tibet. Wir testeten diese Spezialität auf dem Hochplateau von Sichuan in China bei einer Nomadenfamilie.

WAS? Diese Butter wird aus Yakmilch hergestellt und oft mit in den Tee gegeben, damit dieser reichhaltiger wird.

WIE WAR ES? Ganz ehrlich? Ekelhaft. Eines der schlimmsten Geschmackserlebnisse unserer Reise. Der eindringliche Geruch des Yaks überzieht buchstäblich den Gaumen und hinterlässt minutenlang einen markanten Nachgeschmack.

1000-JÄHRIGE EIER

WO? In China.

WAS? Die Enten- oder Hühnereier, die in Wahrheit keine 1000 Jahre alt sind, werden für mehrere Tage oder Wochen in eine Mischung aus Kalk, Asche und Salz eingelegt.

WIE WAR ES? Wir haben immer wieder eins in China und Taiwan probiert. Ehrlich gesagt ist der Anblick viel schlimmer als der Geschmack. Es ist eigentlich vor allem sehr salzig und das Ei schmeckt man kaum heraus.

ZIEGENHODEN

WO? In der Mongolei.

WAS? Frische, in der Pfanne gebratene Ziegenhoden zum Frühstück.

WIE WAR ES? Auch das haben wir nicht getestet, das Gericht wurde von Alex probiert und vorgeschlagen. Das Interview mit ihm findet ihr auf S. 164.

6 UNGEWÖHNLICHE TRANSPORTMITTEL

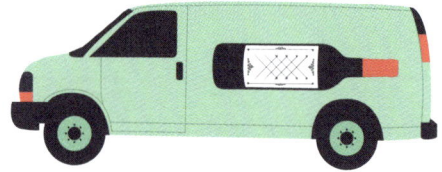

EIN WEINLIEFERANT IN ARGENTINIEN

In Argentinien sind wir nicht wenige Kilometer per Anhalter gefahren. An jenem Tag hatten wir uns gerade erst am Stadtausgang von Salta an die Strasse gestellt und den Daumen nach oben gestreckt, als bereits ein kleiner Lieferwagen bei uns anhielt. In dem Wagen sass ein junger Mann, der uns direkt bis zu unserem etwa drei Stunden entfernten Ziel mitnehmen wollte. Bevor wir einstiegen, erklärte er, dass er unterwegs noch zwei oder drei Auslieferungen machen musste. Es sollte sich herausstellen, dass der Herr Weinlieferant war und dass wir statt drei Stunden fast sieben brauchten, bis wir am Ziel angelangt waren. Warum? Bei jeder Auslieferung hielten wir bei den Kunden, um die Weine zu verkosten, viele Weine. Man braucht nicht weiter zu betonen, dass wir unser Ziel reichlich beschwipst erreichten. Schliesslich wurden wir von unserem Fahrer des Tages auch noch zum Essen eingeladen, um die begonnene Weinprobe zu beenden.

EINE ABENTEUERLICHE FLUSSÜBERQUERUNG IN PERU

Mitten auf unserer Wanderung zum Machu Picchu kamen wir an einen Fluss. Dort gab es eine Brücke, doch unglücklicherweise wurde diese gerade umgebaut und war daher nicht nutzbar. Um über den Fluss zu kommen, mussten wir uns an Plan B halten, der von den Einheimischen eingerichtet worden war. Wir begaben uns also in die an einem Drahtseil hängende Minigondel. Ein Angestellter schubste uns so fest an, wie es ging, und wir rutschten bis etwa in die Mitte über den Fluss. Um auf die andere Seite zu kommen, musste man sich am Drahtseil festhalten und hinüberziehen, um sich schliesslich auf etwas, das wie ein Einkaufswagen vom Supermarkt aussah, draufzuschwingen.

EIN BOOT MIT EINER DAME, DIE MIT DEN FÜSSEN RUDERT, IN VIETNAM

Wir befanden uns in dem kleinen Dorf Tam Coc in Vietnam, in der Region, die auch unter dem Namen «trockene Halong-Bucht» bekannt ist. Hier ähnelt die karstige Landschaft der bekannten Bucht, die sich östlich von Hanoi befindet, ausser dass man sich auf dem Festland befindet und diese Berge von Seen und Flüssen durchzogen sind. Eine der besten Möglichkeiten, die Gegend zu besichtigen, ist mit dem Boot. Als wir mit dem Fahrrad herumfuhren, trafen wir eine Dame, die uns durch die Gegend führen wollte. Aufgrund ihres Lächelns und ihrer Freundlichkeit wussten wir schnell, dass wir ihr vertrauen konnten, und so folgten wir ihr bis zu einer kleinen Anlegestelle etwas abseits der Haupttouristenspots. Unsere Überraschung war gross, als die kleine Dame das Wasser aus dem Boot schöpfte, das durch die vielen Ritzen im Boden eingedrungen war, bevor sie uns einsteigen liess. Der Ausflug verlief sehr gut und wir liessen uns von dieser kleinen Frau mit der ganz besonderen Rudertechnik durch die Gegend fahren.

EIN RIESIGER TANKLASTER IN CHILE

Als wir über die Grenze zwischen Bolivien und Chile gefahren waren, beschlossen wir, nach Arica im Norden des Landes zu trampen. Wie gewohnt war ich diejenige, die sich an den Strassenrand stellte und den Daumen rausstreckte, während Benoit gut sichtbar am Strassenrand bei den Rucksäcken blieb (man sollte wissen, dass die Statistik immer besser ausfällt, wenn Madame den Daumen raustreckt). Es kam ein Auto nach dem anderen, doch keines schien anhalten zu wollen, um uns mitzunehmen. Wir waren also schon etwas entmutigt, als ein riesiger Tanklaster am Strassenrand anhielt. Etwas zweifelnd näherten wir uns der Fahrerkabine, um uns zu vergewissern, dass er wegen uns angehalten hatte. Die Fahrertür öffnete sich, der Fahrer sah uns mit einem breiten Lachen an und signalisierte, dass wir einsteigen sollten. Es kommt nicht jeden Tag vor, dass man in der Fahrerkabine eines solchen Strassenmonsters sitzt! Es ist auch nicht das schnellste Fahrzeug, um an seinem Ziel anzukommen, aber wir haben nur gute Erinnerungen!

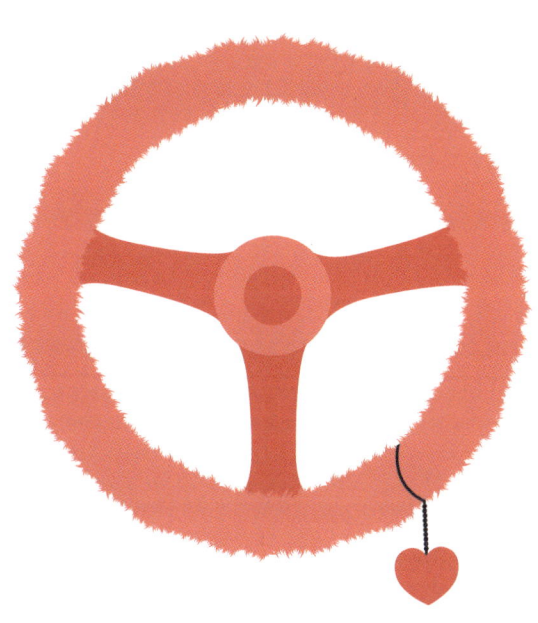

DIE KULTIGEN NACHTBUSSE IN LAOS

Auf unserer Reise sind wir mit Dutzenden Nachtbussen gefahren, doch wenn wir uns an einen Bus gut erinnern, dann an diesen kleinen in Laos. Als wir beim Bus ankamen, schien alles ganz normal zu sein, ausser vielleicht, dass dieser hier mehr Lichter hatte als gewöhnlich. Als wir in den Bus eingestiegen waren, konnten wir uns vor Lachen nicht mehr halten. Anstelle der Einzelliegen, wie wir sie sonst gesehen haben, hatte dieser Bus auf der einen Seite einfache Betten und auf der anderen Doppelbetten. Die Bettwäsche war bonbonrosa und die Wände mit rosa Velours bezogen. Jeder Schlafplatz war mit einem kleinen Satinvorhang (natürlich in Rosa) ausgestattet, damit man sich vom Rest des Busses abschotten konnte. Als Paar konnten wir über diese Situation lachen, doch wir mussten noch mehr lachen, als zwei junge Touristen – Jungs – einstiegen, die etwa 1,90 Meter gross waren und erst im Bus realisierten, dass sie die Nacht wohl Seite an Seite schlafen und sich dabei näher kommen würden, als sie vorhatten.

MIT DEM KAJAK AUF DEM MEKONG

Als wir uns in einem kleinen Dorf im Norden von Laos befanden, zog ein Flyer in einem Café unsere Aufmerksamkeit auf sich: «Kajaktour bis Luang Prabang, drei Tage Abenteuer!» Offen gesagt, wir haben uns nicht zu viele Fragen gestellt. Wir haben das bretonische Pärchen angesehen, das wir gerade erst kennengelernt hatten, und in wenigen Sekunden war es beschlossene Sache. Am nächsten Tag sassen wir also in einem Kajak mit zwei laotischen Führern und einer Australierin, die im letzten Moment dazugestossen war. Keiner von uns war vorher je wirklich Kajak gefahren. Kajak fahren, werden Sie mir jetzt sagen, ist ja ganz einfach. Ja, 30 Minuten lang auf einem See, das ist in der Tat toll, doch was, wenn man drei Tage lang jeden Tag fünf bis sieben Stunden paddelt und ohne jegliche Erfahrung über Stromschnellen fahren muss, je näher der Mekong kommt? Nach diesen drei Tagen hatte ich den schlimmsten Muskelkater, den mein Körper je zu spüren gekriegt hat, dennoch bleiben ganz besondere Erinnerungen daran. Manchmal ist es gut, wenn man nicht zu viel nachdenkt und einfach macht.

TOP 6 UNSERER ÄRGERNISSE

ACHTUNG RUTSCHGEFAHR

Es war, was man einen Sch…-Tag nennen könnte. Wir befanden uns in China in der Region Guilin und hatten unser Gästehaus frühmorgens verlassen, um eine Wanderung zu machen. Nach einigen Kilometern war die Sache klar: Wir hatten uns verlaufen. Wir landeten in einem kleinen Gemüsegarten und suchten unseren Weg. Als ich so vor mich hinging, um die Karte zu lesen, hörte ich plötzlich ein Knacken unter mir. Bevor ich wirklich realisierte, was los war, spürte ich, wie der Boden unter mir wegbrach, und ich hielt mich aus Reflex mehr schlecht als recht am Rand fest. Da hing ich nun, am Rand eines, wie ich da noch dachte, Brunnens mit dem «Wasser» bis zum Hals. Erst einen Moment später realisierte ich, dass das Wasser in dem Brunnen sehr trüb und der Geruch auch nicht «normal» war. Ich war tatsächlich gerade auf eine dünne Bambusmatte getreten, die die Jauchegrube des Gemüsegartens abdeckte. Zum Glück kam der Bauer, dem der Gemüsegarten gehörte, weil er meine Schreie gehört hatte, und fuhr uns schliesslich mit seinem Floss zurück zu unserer Herberge. Ich musste meine Kleidung zwei Mal waschen und mich fünf Mal duschen, bis der Gestank weg war.

DIE NACHT, IN DER ICH DACHTE, ICH WÜRDE ERFRIEREN

Als wir in Peru waren, beschlossen wir, den bekannten Santa-Cruz-Trekk ab Huaraz zu machen. Das war unsere erste mehrtägige Wanderung und daher entschieden wir, dass wir sie über eine Agentur machen würden. Wir hatten unsere Campingausrüstung dabei, aber die Agentur versicherte uns, dass sie sich um alles kümmern würde. Als wir am ersten Abend im Camp ankamen, fing unser Führer an, die Zelte und die Schlafsäcke an alle Leute aus der Gruppe zu verteilen. Plötzlich stellte er fest, dass ein Zelt für einen jungen Schweden fehlte. Da alle anderen Paare sich weigerten, das Zelt mit ihm zu teilen, willigten wir schliesslich ein, dass er bei uns schlafen könnte. Dieser einfache Akt der Freundlichkeit sollte die beste Entscheidung auf dieser Wanderung sein! Nachts fielen die Temperaturen weit unter null Grad und die Schlafsäcke der Agentur waren offensichtlich nicht dafür geeignet. Während wir alle drei zitterten und ich es nicht wagte, die Augen zu schliessen, aus Angst, nie wieder aufzuwachen, fragte der Schwede mitten in der Nacht äusserst zuvorkommend, ob es für mich OK wäre, wenn er sich an mich schmiegen würde und wir alle drei in «Löffelchenstellung» schlafen würden. Eingekuschelt zwischen Benoit und dem Schweden schaffte ich es schliesslich doch noch, etwas Schlaf abzukriegen und mich aufzuwärmen.

ERDBEBEN UNTER DEM ZELT

In Taiwan hatten wir entschieden, die Ostküste der Insel entlang zu reisen und zu campen. Als wir eines Abends gerade in unser Zelt gekrochen waren und Benoit neben mir am Einschlafen war, spürte ich etwas ganz Seltsames. Ich weckte Benoit und sagte zu ihm: «Benoit, die Erde bebt!» Er war sofort wach und antwortete mir: «Ach was, dir ist sicher nur der Blutdruck in den Keller gesackt, schlaf wieder ein…» Später in dieser Nacht weckte ich ihn noch einmal, um ihm zu sagen, dass ich den Eindruck hatte, das Meer sei gestiegen und recht nah an unserem Zelt. Wieder versuchte Benoit mich zu beruhigen und sagte mir, dass es keinen Grund zur Panik gäbe. Als wir am nächsten Morgen das Zelt öffneten, stellten wir fest, dass wir zwar noch im Trockenen standen, aber dass wir von Dutzenden von Krabben umringt waren. Als wir unsere Handys anmachten, waren da mehrere Nachrichten von Familienangehörigen, die sich Sorgen gemacht hatten. Wir hatten tatsächlich gerade unser erstes Erdbeben erlebt, «fast» ohne es zu bemerken. Wir waren 30 Kilometer vom Epizentrum entfernt und es war ein eher starkes Erdbeben mit 6,7 auf der Richterskala. Da haben wir Glück gehabt!

UNTERWÄSCHE KAUFEN IN INDONESIEN

Um zu der kleinen Insel Lombok in Indonesien zu gelangen, beschlossen wir, ein Flugzeug von Bangkok aus zu nehmen. Doch, hoppla, als wir ankamen, war mein Rucksack nicht da. Zwar konnte schnell herausgefunden werden, wo er sich befand, doch es dauerte leider fünf Tage, bis er bei mir landete. Ist ja nicht so schlimm, werdet ihr jetzt vielleicht sagen, vor allem, wenn man das Lebenswichtigste auf Kosten der Fluggesellschaft finden kann. Ich hatte auf Lombok auch kein Problem, Zahnpasta, Shorts und ein paar T-Shirts zu kaufen. Es wurde erst schwierig, als ich Unterwäsche kaufen wollte. Ich habe zwar kein Übergewicht, aber mein Körperbau ist dennoch wesentlich grösser als der indonesische Durchschnitt. Dazu kommt noch, dass Lombok eine islamische Insel ist und Unterwäsche nicht gerade auf der Strasse ausliegt. Letztlich fand ich mein «Glück» in einem Lebensmittelgeschäft, das ebenfalls Unterwäsche verkaufte: riesige Unterhosen, die mir nach dem ersten Tragen fast bis zur Brust gingen und halb über die Oberschenkel hingen. Auf Glamour musste ich da offensichtlich verzichten, doch zumindest löste es bei Benoit jedes Mal einen Lachanfall aus, wenn er mich in dieser Unterwäsche sah.

KEIN GELD MEHR IN CHINA

In China hoben wir regelmässig Geld an Bankomaten ab, was immer sehr gut funktionierte. Zumindest solange wir uns innerhalb der Touristenzonen aufhielten, was wir leider am eigenen Leib erfahren mussten. Wir befanden uns in einem kleinen Dorf im Norden von Yunnan, wo der einzige Bankomat nur lokale Geldkarten akzeptierte. Doch das sollte kein Problem sein, denn am nächsten Tag fuhren wir mit dem Bus in eine grössere Stadt (immerhin 160 000 Einwohner), in der es Filialen von grossen Banken gab. Doch trotz der zahlreichen Werbeflächen für Visa und Mastercard kannte hier leider niemand diese Karten und deshalb funktionierten sie natürlich auch nirgends. Wir hatten auch amerikanische Dollar dabei, aber wir konnten keine einzige Bank finden, die sie uns wechseln würde (in China darf nur die Nationalbank Dollar wechseln). Das Ende vom Lied? Wir hatten nicht mehr genügend Geld, um das Busticket bis zur nächstgrösseren Touristenstadt zu bezahlen. Aus Mitleid schenkte uns die Dame am Bankschalter Geld im Wert von 12 Euro, damit wir an einen Bankomat gelangen konnten, der unsere Karten akzeptieren würde. Ein grosser Moment der Einsamkeit, aber auch der Dankbarkeit … daher hier ein grosses Dankeschön an die Agricultural Bank of China.

23 STUNDEN ÜBELKEIT IM BUS IN PERU

Busreisen können in Südamerika schnell lang werden und nicht selten bleibt man mehr als 20 Stunden auf seinem Sitz. An jenem Tag stand eine 23-stündige Fahrt auf dem Programm. Leider fühlte sich Benoit seit dem Morgen etwas krank, aber eine kleine Magenverstimmung sollte uns doch nicht von der Fahrt abhalten, oder? Doch kaum waren wir im Bus, sollten sich die leichten Bauchschmerzen schnell als ein Magen-Darm-Infekt herausstellen, wie er ihn noch nie hatte. Wir ersparen euch die Details, aber, sagen wir mal so: Benoit verbrachte vielleicht drei oder vier Stunden auf seinem Sitz neben mir. Den Rest der Zeit verbarrikadierte er sich in der Toilette, während der Bussteward an die Tür trommelte, um ihm klar zu machen, dass die Toilette nur für das kleine Geschäft vorgesehen war.

6 PRÄGENDE BEGEGNUNGEN

EINE SCHAR UNBEKANNTER IN CHINA

Am ersten Tag unserer Weltreise kamen wir in Peking an. Für unsere erste Nacht hatten wir eine Couchsurfing-Anfrage gestellt und wurden von einem jungen Mädchen empfangen, das in einem beliebten Viertel weit weg von den Touristenspots der Hauptstadt wohnte.

Wir waren früh dran und warteten daher zwei Stunden lang vor einem U-Bahn-Ausgang. Zwei soeben gelandete Europäer mit grossen Rucksäcken... wir sind durchaus aufgefallen. Hunderte Leute lächelten uns an und bestaunten uns mit warmherzigen Blicken. Doch das Erstaunlichste war, dass zahlreiche Jugendliche zu uns kamen und uns ihre Hilfe anboten. Diejenigen, die nicht Englisch sprachen und uns beobachteten, hielten andere Leute an, um sie zu bitten, uns auf Englisch zu fragen, ob es uns gut gehe.

EDOUARDO IN ECUADOR

Auf unserer Reise liessen wir uns zwei Monate lang in Quito, der Hauptstadt Ecuadors, nieder, um Spanischkurse zu besuchen. Während dieser Zeit freundeten wir uns mit Lenin, einem unserer Lehrer in unserem Alter, an. Nach den Kursen gingen wir regelmässig mit Lenin und seinen ecuadorianischen Freunden in der Stadt aus. So trafen wir Edouardo: einen leidenschaftlichen Künstler, der versucht, von seiner Kunst zu leben, und seine Gemälde an Touristen verkauft. Wir zögerten lange, eines seiner Bilder zu kaufen, da sie nicht auf Leinwand, sondern auf Holz gemalt waren, und es uns daher schwierig erschien, sie im Rucksack zu transportieren. Am letzten Abend in Quito nahmen wir zusammen ein Taxi. Vor unserer Wohnung war der Moment des Abschieds gekommen. Kurz bevor das Taxi wieder losfuhr, öffnete Edouardo das Fenster und überreichte uns eines seiner Gemälde als Abschiedsgeschenk. Es ist ganz klar, dass wir dieses Gemälde wie einen Schatz aufbewahrten und in den folgenden sieben Reisemonaten mit äusserster Vorsicht transportierten.

MISTER HUNG IN VIETNAM

Oft erlebt man die schönsten Augenblicke, wenn nichts geplant ist. Als wir nach Vietnam fuhren, begaben wir uns an das Ufer des Ba-Be-Sees. Ursprünglich wollten wir einfach ein paar Tage am See entspannen, bevor wir zurück in Richtung Hanoi fahren wollten.

Da hatten wir aber noch nicht mit der Begegnung mit Mr. Hung gerechnet. Ein Vietnamese, der mit seiner Familie in einem abgelegenen Haus mitten in den Bergen wohnt und Besuchern einen dreitägigen Wanderaufenthalt mit Unterkunft in seinem Haus anbietet, um sein Einkommen aufzubessern.

Diese Wanderung prägte sich für immer in unser Gedächtnis ein, weil Mr. Hung und seine Familie so authentisch und unglaublich gastfreundlich waren, aber auch weil wir bei einigen Gläschen Weizenlikör so einige Lachanfälle hatten.

MARITA IN CHINA

7 Uhr morgens im Bahnhof von Xi'an in China. In der Wartehalle warteten wir zusammen mit Hunderten chinesischen Reisenden auf unseren Zug. Die einzige andere westliche Person war eine ältere Dame.

Per Zufall landeten wir im gleichen Wagon. Diese Dame hiess Marita, war zu dem Zeitpunkt 68 Jahre alt und kam aus dem Schweizer Kanton Neuenburg. Das Besondere an ihr? Seit bereits 16 Jahren reiste sie allein mit ihrem kleinen Rucksack auf dem Rücken durch die Welt. Fast 13 Stunden lang teilte sie ihre Abenteuer und Erfahrungen aus ihrem Leben mit uns. Eine wunderbare Begegnung, die wir nicht so schnell vergessen werden.

RAINBOW IN CANTON

In Guangzhou wollten wir bei einer gewissen «Rainbow» per Couchsurfing übernachten. Es war das erste Mal in ihrem Leben, dass sie Unbekannte bei sich aufnahm, und dafür hatte sie all ihre Ängste überwunden. Rainbow ist nicht ihr echter Name, sondern der englische Name, für den sie sich entschieden hat. Denn in China ist es gang und gäbe, einen englischen Namen zu haben, damit man sich mit Ausländern besser austauschen kann. Ich kann nun also berichten, dass dieser kleine Regenbogen Farbe in unsere Herzen gebracht hat. Sie empfing uns mit so viel Liebenswürdigkeit, nahm sogar Urlaub, um uns ihre Stadt zu zeigen, und organisierte eine Feier mit all ihren Freunden, zu der alle ein typisches Gericht mitbringen sollten, damit wir so viele Spezialitäten wie möglich probieren konnten.

MR. PAING UND CHUNK IN INDONESIEN

Vor unserer Abreise stiessen wir auf einen Blogartikel von Charlène und Nico, die ihre Erfahrung am Vulkan Ijen in Indonesien in Begleitung eines ehemaligen Schwefelträgers beschrieben. Als wir dort waren, zögerten wir keine Sekunde und kontaktierten ihn. Mit einem breiten Lächeln holten Mr. Paing und sein Bruder Chunk uns wenige Tage später am Hafen ab. Wir hatten nicht nur die Gelegenheit, die eindrucksvollen Vulkane Ijen und Bromo in Begleitung von jemandem zu besichtigen, der viele Jahre damit zugebracht hatte, Schwefel aus dem Innersten des Kraters zu holen, sondern sie bescherte uns auch eine ganz aussergewöhnliche Erfahrung. Als ehemaliger Träger verdiente Mr. Paing nur wenige Euro am Tag, bis er sich dazu entschloss, Reisenden seine Dienste anzubieten. Der Auslöser dafür war die Geburt seiner Tochter. Er wollte, dass sie eine gute Ausbildung haben und vor allem mit ihrem Vater noch viele Jahre verbringen könnte (die Lebenserwartung von Schwefelträgern ist wegen der Lungenerkrankungen extrem niedrig). Seither engagieren sich Mr. Paing und Chunk zu 200 % für ihr Dorf. Sie haben sogar eine grosse Tafel vor ihrem Haus angebracht, um den Kindern des Dorfes Englisch beizubringen.

Infos: http://www.ijenminertour.com/

8 VERANSTALTUNGEN, DIE MAN IM KALENDER VORMERKEN SOLLTE

SLOWAKEI: OSTERMONTAG

Frauen sollten besser vorgewarnt werden… in der Slowakei gibt es eine Tradition, nach der die Männer am Ostermontag die Frauen besuchen, um sie (liebevoll) mit Weidenruten auszupeitschen und mit einem Eimer Wasser zu übergiessen. Als Dank bringen die Frauen rote Bänder an den Ruten an und geben ein Glas Alkohol oder ein Stück Mohnkuchen aus. So gesagt klingt das barbarisch, aber glaubt mir, es ist Stimmung angesagt. Doch warum gibt es diese Tradition? Es heisst, dass dieser Brauchtum den Frauen Glück, Kraft und Gesundheit bringt.

INDIEN: HOLI

Das oft auch Fest der Farben genannte Holi-Fest wird in ganz Indien am ersten Vollmondtag des Monats Phalguna gefeiert (zwischen Februar und März nach unserem Kalender). Es ist ein Fest anlässlich des Frühlings, doch auch eine der wenigen Gelegenheiten, an denen sich alle Kasten auf der Strasse aufhalten. Gemäss der Tradition besprengt man sich während des Holi mit farbigem Wasser und bestreut sich mit Farbpigmenten. Jede Farbe hat eine andere Bedeutung: Grün steht für Harmonie, Orange für Optimismus, Blau für Vitalität und Rot für Freude und Liebe.

SPANIEN: DIE TOMATINA IN BUÑOL

Jedes Jahr am letzten Mittwoch im August findet dieses Fest in der kleinen Stadt Buñol in der Provinz Valencia in Spanien statt. Über 150 Tonnen zerdrückte Tomaten werden auf die Strassen gekippt, damit sich die Teilnehmer eine riesige Tomatenschlacht liefern können. Die Festlichkeiten dauern nur eine Stunde, und seit 2013 muss man eine Eintrittskarte kaufen, wenn man an der Tomatenschlacht teilnehmen möchte.

MEXIKO: TAG DER TOTEN

Dieses Fest findet jedes Jahr an zwei Tagen, am 1. und 2. November statt. Traditionell ist es der Tag, an dem die Familien ihre Verstorbenen auf den Friedhöfen besuchen. Die Stimmung ist immer sehr festlich. Genau genommen wird der Tod in Mexiko nicht als etwas Negatives betrachtet, sondern eher als etwas, worüber man sich lustig macht. Während dieser zwei Tage dekorieren die Familien die Gräber und hinterlassen Essen und Getränke. Eine Zeit der Gemeinschaft, zu der sich die Mexikaner treffen, um «in Begleitung» derer, die zu früh von ihnen gegangen sind, zu singen, zu tanzen und zu essen. Dem Glauben nach kommen die Verstorbenen auf die Erde zurück und daher ist es wichtig, Opfergaben nach bestimmten Vorgaben darzubringen.

SÜDAMERIKA: IM FIEBER DES KARNEVALS

Der Karneval ist eine wahre Institution in Lateinamerika. Der grösste und bekannteste ist sicherlich der in Rio de Janeiro (Brasilien). Aber man sollte wissen, dass es auf dem ganzen Kontinent noch zahlreiche andere gibt, die nicht weniger eindrucksvoll sind. Einige bekannte Karnevalsveranstaltungen: Oruro in Bolivien, Veracruz in Mexiko, Barranquilla in Kolumbien und schliesslich Montevideo in Uruguay. Das Datum der Karnevalsveranstaltungen ist jedes Jahr und an jedem Ort ein anderes, aber es liegt in der Regel zwischen dem Dreikönigstag (6. Januar) und Faschingsdienstag im Februar (selten im März), genau 40 Tage vor dem Osterwochenende. Während des Karnevals ist es natürlich Pflicht, seine Maske und Federn auszugraben und sich vor allem vom Klang der wilden Musik mitreissen zu lassen.

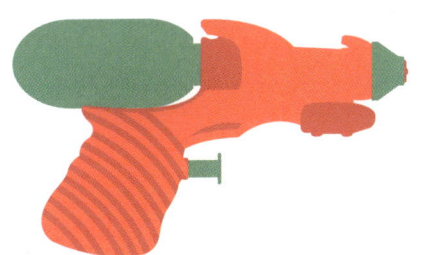

THAILAND: SONGKRAN, WASSERFEST

Jedes Jahr am Ende der heissen Trockenperiode, die von Dezember bis April anhält, feiern die Thailänder Neujahr (nach dem buddhistischen Kalender) mit Wasser. Den Höhepunkt erreicht das Fest in Chiang Mai, im Norden Thailands. Dort werden zwischen dem 12. und 15. April Tausende Liter Wasser von Lastwägen auf die Leute gespritzt. Man sollte passende Kleidung, eine Wasserpistole und eine ordentliche Portion Humor mitbringen, um die Regenperiode adäquat zu begrüssen.

THAILAND: LICHTERFEST (LOY KRATONG)

Dieses Fest findet jedes Jahr anlässlich des zwölften Vollmonds des thailändischen Mondkalenders statt. Daher ist das Datum nicht fest, aber es fällt meist in den November. Loy bedeutet «schwimmen» oder «schweben» und Krathong ist der Name für ein kleines Floss aus Bananenblättern, auf das man Blumen und eine kleine Kerze setzt. Wenn die Nacht hereinbricht, versammeln sich Tausende von Leuten am Flussufer, um ihre Krathongs ins Wasser zu setzen. Es heisst, dass diese Tradition einerseits eine Opfergabe an Buddha und andererseits eine Möglichkeit ist, sich von seinen Leiden, seinem Groll und seinen schlechten Gedanken zu befreien und sie mit der Strömung wegfliessen zu lassen. Während dieser Feier findet traditionell auch das Yi-Peng-Festival statt, bei dem Tausende von Papierlaternen in den Himmel geschickt werden.

VIETNAM: TET-FEST

Tet ist das vietnamesische Neujahr und wird jedes Jahr zwischen Januar und Februar anlässlich des ersten Neumonds gefeiert. Offiziell dauern die Festlichkeiten vom ersten bis zum dritten Tag des neuen Jahrs, aber nicht selten wird es auf eine ganze Woche ausgedehnt. Im ganzen Land gibt es zahlreiche Feierlichkeiten. In den Städten finden normalerweise Umzüge und Musikveranstaltungen sowie Feuerwerke statt. Auf dem Land ist es eher eine Gelegenheit, sich mit den Nachbarn zu treffen und ein Glas Weizenlikör zu trinken, um das neue Jahr willkommen zu heissen und Böller abzufeuern, die die bösen Geister vertreiben sollen. Zu diesem Anlass ist es Tradition, den Kindern etwas Geld in einem roten Umschlag zu überreichen.

6 ÜBERRASCHENDE BRÄUCHE UND TRADITIONEN

BÄLLE WERFEN IN VIETNAM, UM ZU VERFÜHREN

Zur Zeit des Tet-Festivals (die Neujahrsfeier) befanden wir uns in Vietnam. Während einer Wanderung passierten wir kleine Dörfer, in denen gerade die Festlichkeiten stattfanden. Während sich die Erwachsenen trafen, um zusammen ein Glas Likör zu trinken, waren die jungen Leute alle ausserhalb des Dorfs versammelt. Die Mädchen trugen ihre traditionelle Tracht, während sich die Jungen mit Hemden in Schale geworfen hatten. Die Jungen und Mädchen standen im Kreis und warfen sich einen Ball mit einem Faden zu. Während ich die Szene so beobachtete, wurde ich plötzlich dazu eingeladen, mich mit in den Kreis zu stellen und diesen Ball zu werfen und zu fangen. Unser Reiseführer erklärte uns später, dass diese Tradition dazu dient, Paare zu bilden. Es ist ein Spiel der Verführung. Die Mädchen und die Jungen aller umliegenden Dörfer treffen sich so zu festlichen Anlässen und werfen sich Bälle zu. Zunächst in einer grossen Gruppe und dann, wenn sich ein «Paar» gefunden hat, trennt es sich vom Kreis und macht abseits mit dem Werfen weiter.

DIE FRIEDHÖFE IN SÜDAMERIKA

Ich gebe zu, der Besuch eines Friedhofs ist nicht unbedingt eine klassische Touristenaktivität, und ehrlich gesagt wäre mir das vor meiner Ankunft in Südamerika nie in den Sinn gekommen. Der Cementero General in Santiago de Chile ist mit 86 Hektar und fast zwei Millionen Verstorbenen einer der grössten Friedhöfe Südamerikas. In den Alleen folgt ein Grab und Mausoleum auf das andere. Unsere Blicke fielen zuallererst auf die riesigen Mausoleen, die auf eine erstaunliche Art und Weise erbaut worden waren und griechischen Tempeln, ägyptischen Statuen oder sogar einem Apple Store glichen. Einige Gräber zogen unsere Aufmerksamkeit besonders auf sich. Neben den traditionellen Blumen fand man dort leere Alkoholflaschen und Zigarettenkippen, die in die Erde gesteckt worden waren. Die Familien kommen nämlich und teilen Alkohol und Zigaretten mit ihren Verstorbenen. Das Bier wird geöffnet und zur Hälfte getrunken, während die andere Hälfte auf die Erde geschüttet wird. Das Gleiche passiert mit den Zigaretten: Eine wird geraucht und die zweite in die Erde gesteckt, damit sie dort verbrennt.

我女兒在賣

我的兒子
必須離開

誰想嫁給
我的兒子

我女兒在賣

PEOPLE'S PARK IN CHENGDU

Wir bleiben bei der Verführung, doch diesmal in China. Wir befanden uns in der Stadt Chengdu, als uns unser Couchsurfing-Gastgeber an einem Freitagmorgen schlicht und einfach sagte:
«Geht in den People's Park und schaut, was die Leute machen. Ich werde es euch heute Abend
erklären.» Als wir im Park ankamen, wurde unsere Aufmerksamkeit sofort auf eine Gruppe älte-
rer Leute gezogen, die um an Bäumen hängende Schilder herumstanden und diskutierten. Diese
Zettel schienen kleine Anzeigen zu sein, aber wir verstanden nicht viel. Die Senioren unterhielten
sich in einem lauten Ton, schienen zu verhandeln und Nummern und Fotos auszutauschen. Als
wir in der Wohnung von Yiou, unserem Gastgeber, zurück waren, erhielten wir schliesslich die
Erklärung. Diese Leute waren die Eltern von nicht verheirateten Kindern und diese kleinen Anzeigen waren wie eine Art Werbung für ihre Sprösslinge. An jedem Freitag gibt es die Möglichkeit, eine(n) Rendezvouspartner(in) für die Kinder zu finden. Das Single-Dasein ist in China nicht
gern gesehen, und wenn die jungen Leute keine Zeit haben, jemanden zu suchen, dann nehmen
normalerweise die Eltern die Sache in die Hand.

DIE OPFERGABEN IN BUDDHISTISCHEN TEMPELN

Während unserer Reise haben wir sehr viele buddhistische Tempel besichtigt. Im Buddhismus sind Opfergaben sehr wichtig, und man merkt schnell, dass jeder etwas Kleines dort lässt, wenn er vorbeikommt. Die häufigsten Opfergaben waren Wasser, Blumen, Essen, Geld, Räucherstäbchen oder Kerzen. Dennoch waren wir erstaunt, als wir eher überraschende Dinge auf diesen Altären fanden: Bier, Whisky, Rum oder sogar Zigaretten.

DER LAMAFÖTUS,
EIN GLÜCKSBRINGER IN BOLIVIEN

In La Paz (Bolivien) gibt es zahlreiche Märkte, doch es gibt einen, den man sich sicher nicht entgehen lassen sollte, den Hexenmarkt. Auf diesem Markt im Herzen des Stadtzentrums findet man eine Vielzahl an Amuletten, Liebeselixieren, getrockneten Fröschen, Kräutern, Pulvern und anderen Dingen der Aymarakultur, der grössten indigenen Bevölkerung Boliviens. Wenn man durch dieses Viertel spaziert, fallen einem auch die zahlreichen Geschäfte auf, die Lamaföten im Angebot haben. Lamaföten sind wahrscheinlich die begehrtesten Dinge überhaupt. Es ist verboten, sie zu exportieren, und oft werden sie von Einheimischen als Glücksbringer gekauft. Gemäss der Aymara-Tradition, in der die Pachamama (die Königin der Erde) verehrt wird, soll es Glück bringen und gute Geschäfte, wenn man einen Lamafötus unter den Grundmauern seines Hauses, seines Geschäfts oder unter seinem Ackerland vergräbt.

DIE AUTOTAUFE IN BOLIVIEN

Wir fuhren in die kleine Stadt Copacabana in Bolivien, um dann auf die Isla del Sol im Titicacasee überzusetzen. Als wir in der Stadt spazieren gingen, fielen uns schnell die vielen kleinen Stände auf, an denen Schleifen und Blumen verkauft wurden, aber wir wussten ehrlich gesagt nicht, wofür sie waren.

Erst etwas später fanden wir es heraus. In der Tat kommen jeden Tag zwischen 10 und 14 Uhr (grösster Andrang am Samstag) Dutzende von Auto-, Lastwagen- und Lieferwagenbesitzer aus dem ganzen Land, sogar aus den Nachbarländern, um ihr Auto vor der Kathedrale von Copacabana taufen zu lassen. Dieses für Glück stehende Ritual soll den Fahrer und sein Auto vor zukünftigen Pannen und Unfällen schützen. Die mit Alkohol und Wasser überschütteten sowie mit Blumen und Konfetti dekorierten Autos verlassen den Ort dann wieder, mit einem netten Namen als Bonus.

8 UNGEWÖHNLICHE UNTERKÜNFTE

EIN STUNDENHOTEL IN PERU

Damit eines gleich klar ist: Es war nicht freiwillig. Um ehrlich zu sein, waren wir in diesem Fall vielleicht etwas naiv. Da wir sehr spät in einer kleinen Stadt im Norden von Peru ankamen, nahmen wir das erste Hotel in unserer Preisklasse. Erst als wir in unser Zimmer kamen, stellten wir uns langsam Fragen. Die Dekoration war eher minimalistisch, aber dennoch etwas anrüchig. Im Gang war ständig etwas los, obwohl das Hotel eher klein war. Erst als wir später zum Essen das Hotel verliessen, stellten wir fest, dass die Zimmer auch zum Stundenpreis angeboten wurden...

EIN KLOSTER IN CHINA

Von dem kleinen Dorf Emeishan in China aus begaben wir uns auf eine eher besondere Wanderung. Als Ziel hatten wir uns gesetzt, den Gipfel des 3099 Meter hohen Bergs Emei zu besteigen, was einen Höhenunterschied von 2600 Metern zwischen dem Ausgangsort und dem Gipfel ausmacht. Das Besondere an dieser Wanderung ist, dass man nicht einen Wanderweg hinaufsteigt, sondern nur über Treppen, 60 000 Stufen, um genau zu sein (was 36 Mal bis zur Spitze des Eiffelturms entspricht). Da wir den Aufstieg nicht an einem einzigen Tag machen konnten, hatten wir eine Nacht in einem der Klöster auf dem Weg eingeplant. Rudimentärer Komfort, aber die Atmosphäre war einzigartig, nicht zuletzt, weil wir die einzigen Touristen waren, die an jenem Abend dort schliefen.

EIN SALZHOTEL IN BOLIVIEN

In Bolivien unternahmen wir einen der grossen Touristenklassiker des Landes: die Fahrt durch den Salar de Uyuni und die Region Sur-Lipez im Geländewagen. Während dieser Tour haben wir den ganzen Tag so viel Schönes gesehen, und daher werden diese vier Tage für immer zu den grossartigsten unserer Reise in Erinnerung gehören. Die Unterkünfte waren in der Regel eher dürftig, doch eine davon war besonders originell. Eines unserer Hotels war nämlich komplett aus Salz gebaut! Vom Boden bis zur Decke, und sogar die Möbel, alles war aus reinem Salz.

EIN KANINCHENSTALL IN HONGKONG

Hongkong ist eine fantastische Stadt, aber auch eine sehr teure. Um unser Traveller-Budget nicht überzustrapazieren, entschieden wir, dass wir ein billiges Hotel suchen würden, das sich jedoch auch in der Nähe des Stadtzentrums befinden sollte. Schnell fanden wir unser Glück im Internet und die Fotos waren wirklich vielversprechend. Das Zimmer stellte sich als sehr sauber und ordentlich heraus. Doch wir hatten das Talent des Fotografen bezüglich der Perspektiven der Aufnahmen unterschätzt. Unser Zimmer war buchstäblich das kleinste, das wir je gesehen hatten! 5 Quadratmeter wenn es hochkommt (inkl. Bad). Es war unmöglich, zu zweit im Zimmer zu stehen... einer von uns musste auf dem Bett sitzen, damit sich der andere überhaupt umdrehen konnte. Die Rucksäcke passten nur auf oder unter das Bett. Wenn wir auf dem Bett sassen, konnten wir: die Tür öffnen, das Fenster öffnen, Wasser im Wasserkocher heiss machen, den Vorhang zuziehen, der das Bett vom «Bad» trennte, und den Wasserhahn aufdrehen.

DIE WOHNUNG UNSERES COUCHSURFING-GASTGEBERS IN CHENGDU

In Chengdu hatten wir das Vergnügen, bei einem Couchsurfing-Gastgeber der ganz besonderen Art übernachten zu können. Ein junger, sehr sympathischer Ingenieur, der sehr gern Durchreisende bei sich empfing, um seine Englischkenntnisse aufzufrischen, aber auch um die westliche Kultur besser kennenzulernen. Yiou war ein total netter Typ, mit jedoch einer etwas besonderen Wohnung. Er wohnte in einer sehr schönen Maisonettewohnung in einem wohlhabenden Vorort von Chengdu. Als wir ankamen, waren wir überrascht, dass es in seiner nigelnagelneuen Wohnung kein einziges Möbelstück gab! Auf den 80 Quadratmetern gab es genau: zwei aufblasbare Matratzen, einen Plastikschemel, einen Schreibtisch, einen Stuhl, drei Schüsseln und drei Paar Stäbchen. Als wir ihn fragten, ob er gerade eingezogen war, lächelte er und antwortete: «Nein, nein, ich wohne schon knapp drei Jahre hier. Aber wisst ihr, ich wohne allein und habe keine Frau. In China entscheiden gerne die Frauen über die Einrichtung, also hab ich mir gedacht, dass ich diese Aufgabe meiner Zukünftigen überlassen werde.» Muss man erwähnen, dass er noch Single war?

EINE POLIZEIWACHE IN TAIWAN

In Taiwan ist die Fahrradkultur sehr stark vertreten, weshalb die Insel besonders gut mit Fahrradwegen ausgestattet ist. Am überraschendsten waren jedoch die Polizeireviere. Entlang der Küste bieten zahlreiche Polizeiwachen kostenlos Wasserspender, Toiletten und Duschen für die Radfahrer an. In Dulan, einem Surferort, bietet das Polizeirevier den Radfahrern sogar die Möglichkeit, in ihrem Garten unter kleinen Holzunterständen zu schlafen. Im Garten einer Polizeiwache zu übernachten ist etwas ganz Besonderes, und man kann dann auch ganz ruhig schlafen.

EINE NACHT MIT DEN NOMADEN IM WESTEN VON SICHUAN

In China machten wir eine grossartige Wanderung in den Bergen Sichuans in Begleitung eines einheimischen Reiseführers. Auf dieser Wanderung erlebten wir eine mehr als untypische Übernachtung… im Herzen der Berge, in der Jurte einer Nomadenfamilie. Diese besass eine kleine Yakherde und zog auf den weiten Ebenen herum, immer dem Appetit der Tiere nach. Es wurde wirklich ganz aussergewöhnlich, als die Familie die Baby-Yaks für die Nacht in die Jurte holte. Die erwachsenen Tiere haben genügend dickes Fell, um die Kälte auf fast 4000 Metern Höhe zu ertragen, aber die Kleinen sind noch zu empfindlich und müssen daher drinnen schlafen.

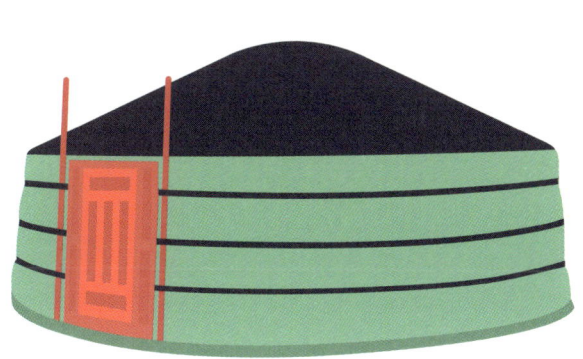

CAMPING AUF MEHR ALS 4500 METERN HÖHE

Wir verbrachten zahlreiche Nächte im Zelt, aber ich glaube, dass diese Nacht eine der denkwürdigsten bleibt. Nachdem wir einige Tage im Nationalpark Sajama in Bolivien verbracht hatten, entschlossen wir uns, über eine kleine Grenze ganz im Norden des Landes nach Chile zu fahren. Zunächst planten wir, in ein Dorf zu fahren und dort die Nacht zu verbringen, aber einige Kilometer vor der Grenze kamen wir an einen See, an dem sich ein Parkplatz befand und ein Schild, das Campen genehmigte. Wir befanden uns auf 4500 Metern Höhe in einer surrealistischen Umgebung: eine Lagune, an der Dutzende Lamas und Alpakas grasten, und der 6348 Meter hohe Vulkan Parinacota im Hintergrund.

VOR DER ABREISE

SEIN UMFELD INFORMIEREN ... DIE REAKTIONEN

Wenn ihr euch für eine Weltreise entschieden habt, müsst ihr euer Umfeld darüber informieren. Ihr werdet sehen: Die Reaktionen aus eurem Umfeld werden ganz unterschiedlich ausfallen. Hier die Kommentare, die wir am häufigsten gehört haben:

DER BANKIER
«Eine Weltreise? Na, sagen Sie mal! Haben Sie im Lotto gewonnen oder geerbt?»

DER PAARTHERAPEUT
«Wow! 365 Tage, 24 Stunden rund um die Uhr zusammen. Habt ihr keine Angst davor, euch gegenseitig an die Gurgel zu springen?»

DIE KARRIEREMACHER
«Sag mal, bist du verrückt, oder was? Denk doch an deinen Lebenslauf! Stell dir doch nur mal vor, was diese einjährige Lücke für deine Karriere bedeutet!»

DIE RESTAURANTKRITIKER
Aber... aber... seid ihr euch darüber im Klaren, dass Leute in Asien andere Dinge essen als bei uns? Seid ihr sicher, dass euch das schmecken wird?»

DIE FASHIONISTAS
«Meine Liiiiiiebe! Was? Du nimmst nur einen Rucksack mit? Was wirst du ein Jahr lang tragen?»

DIE FAMILIENPLANER
«Aber wenn du jetzt gehst, bist du 30, wenn du zurückkommst. Willst du denn keine Familie gründen und heiraten?»

DIE ÄNGSTLICHEN
«Ihr seid verrückt! Habt ihr keine Angst vor einem Taifun? Und habt ihr in Südamerika nicht Angst davor, entführt oder bestohlen zu werden? Und habt ihr an all die Krankheiten gedacht?»

DIE ZWANGHAFTEN ORGANISATOREN
«Aber wo werdet ihr schlafen? Welches Fortbewegungsmittel werdet ihr nehmen? Was werdet ihr ein Jahr lang den ganzen Tag machen? Habt ihr keine Angst davor, euch zu langweilen?»

DIE ENTHUSIASTEN
«Ein aufregendes Abenteuer erwartet euch! Nutzt die Zeit und erforscht die ganze Welt! Wir sind in Gedanken bei euch.»

EIN AUF UND AB DER GEFÜHLE

Wenn der Entschluss feststeht und sich die Nachricht eurer Abreise langsam in eurem Umfeld verbreitet, tritt ein ziemlich merkwürdiges Phänomen auf. Wir nennen es die «emotionale Achterbahnfahrt.»

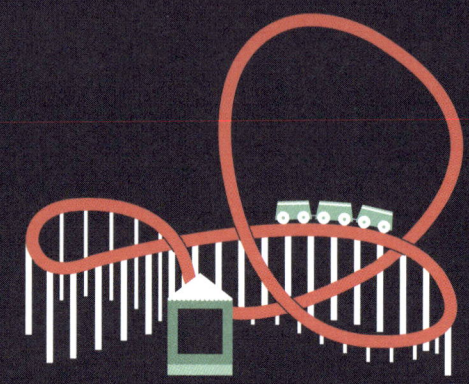

SCHRITT 1: DIE TOTALE EUPHORIE

Man hat gerade sein Flugticket gebucht, seinen Job gekündigt und fühlt sich einfach wie der Alleinherrscher über sein Leben. Man ist total erleichtert und will nur noch eines: auf der Strasse tanzen und jedem, der es hören will, zurufen: «Ich mache eine Weltreise!»

SCHRITT 2: BERUHIGEN UND ABWARTEN

Nach dieser aufregenden Phase können die Emotionen ein wenig nachlassen. Es wird einem klar, dass man noch einige Monate bis zum Abreisetag hat. In diesem Moment ist man zwar mit seiner Entscheidung zufrieden, hält aber seine Freude in Grenzen, da man weiss, dass man sich noch gedulden muss. Man fällt in eine ziemlich passive Phase des Wartens, sei es bei der Arbeit oder mit Freunden. Man lebt ein wenig in seiner eigenen Welt.

SCHRITT 3: DER ANFALL VON MINIMALISMUS

Man erkennt einen künftigen Reisenden daran, dass er plötzlich von einem unwiderstehlichen Verlangen gepackt wird, sich von allem Überflüssigen zu befreien. Der künftige Reisende sortiert vor seinem «Umzug» so viele Gegenstände wie möglich aus, schenkt sie her oder wirft sie weg. Anschliessend gleitet man in ein seltsames Extrem ab. Wenn ein Freund zu Besuch kommt und zu sagen wagt: «Deine Pflanze sieht ja schön aus», erwidert man instinktiv: «Willst du sie? Los, ich schenk' sie dir. Doch, doch, ich bestehe darauf. Nimm sie mit.»

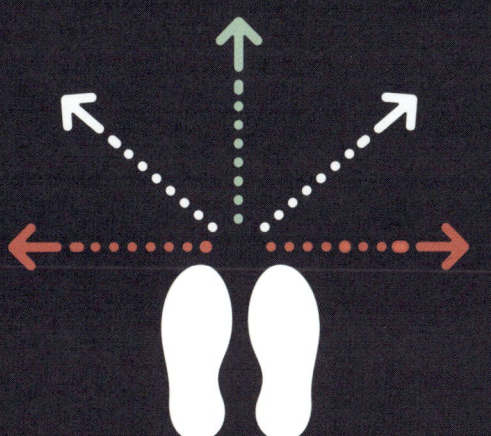

SCHRITT 4: DIE ZWEIFEL

Es ist kein richtiger Schritt an sich. Wir könnten stattdessen sagen, dass der Zweifel unser Alter Ego wird. Er schleicht sich immer wieder bei jedem Schritt ein. Manchmal ist es nur die x-te Frage eines Freundes oder Familienmitglieds, die für etwas Bedenken sorgt: «Ist es vielleicht doch gefährlich? Werde ich wieder einen Job finden, wenn wir zurück sind?» Bei anderen Vorgängen, normalerweise beim Zubettgehen oder Aufstehen, ist im Kopf Platz für grundlegendere Fragen wie: «Aber was ist, wenn die Reise in Wirklichkeit eine Flucht ist? Ist Reisen wirklich das, was ich will?»

SCHRITT 5: DIE AUFREGUNG

Geschafft! Der Rucksack ist fast gepackt, die Kartons verschlossen und die Wohnung geräumt oder vermietet. Die einzige Sorge in den letzten Tagen ist dann nur noch, sich noch einmal mit so vielen Menschen wie möglich zu treffen und möglichst viele regionale Spezialitäten zu essen. Während dieser Zeit kann man – ausser, dass man in Rekordzeit ein paar Kilos zunimmt – auch den Stress ein wenig loswerden. Das war's. Morgen geht es los.

DIE AUSWIRKUNG EINER ANSTEHENDEN REISE AUF DEN ALLTAG

SICH AUF REISEBLOGS AUFZUHALTEN WIRD ZUR SUCHT

Sei es, um seine Reise besser organisieren, um über den Ablauf eines solchen Abenteuers unbesorgter sein oder einfach nur um sich vor der sehnlichst erwarteten Abreise inspirieren lassen zu können ... der künftige Reisende wird auf diesem Gebiet unschlagbar werden, wenn er zahlreichen Blogs, YouTube-Kanälen usw. folgt.

Auf einmal scheint es wichtiger zu sein, die Abende damit zu verbringen, herauszufinden, wo man in den Bagan-Ebenen in Myanmar einen Sonnenaufgang am besten bewundern kann, anstatt seine Lieblingssendung im Fernsehen anzuschauen.

DER URLAUB WIRD FÜR DEN VERWALTUNGSAUFWAND GENUTZT

Während man noch dazu neigte, sich hier und da ein paar Tage Urlaub zu nehmen und daraus ein verlängertes Wochenende zu machen, werden diese Tage jetzt für administrative Zwecke genutzt: Impfungen beim Arzt und Besuch der Botschaften für die Beantragung von Visa.

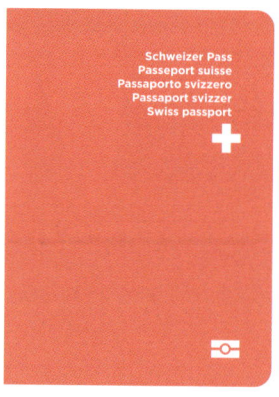

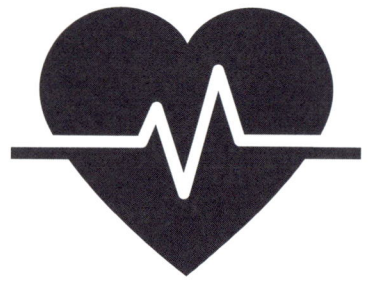

SOLLTE ICH NICHT MAL WIEDER SPORT TREIBEN?

Ich bin mir nicht sicher, ob jeder davon betroffen ist, aber ein paar Monate vor der Abreise packte mich ein Motivationsschub und ich trieb wieder Sport. Ich wollte in Topform sein, um meinen Rucksack tragen, die Reise geniessen, Trekkingtouren – die ich bis dahin niemals in Erwägung gezogen hätte – machen und einfach nur um mich in meinem Bikini wohlfühlen zu können. Ich habe also meine Sportschuhe herausgekramt und ging joggen.

DER BEGRIFF «SHOPPING» WIRD NEU DEFINIERT

Bevor wir uns auf unsere Weltreise vorbereiteten, war ich das, was man als «Shopaholic» bezeichnen könnte; ich war immer auf der Suche nach dem x-ten hübschen Oberteil, um meine Kollektion damit zu ergänzen. Als wir jedoch in der Vorbereitungsphase waren, war Schluss mit der Jagd nach schönen Motiven. Von nun an hatte ich es auf atmungsaktive Materialien abgesehen, die schnell trocknen und nicht knittern. Während dieser Phase gewöhnte ich mir auch noch einen anderen seltsamen Reflex an: Von nun an wollte ich alle Gegenstände systematisch mit der Hand abwiegen. «Auf wie viele T-Shirts muss ich verzichten, wenn ich dieses schöne Paar Sandaletten mitnehme?»

MAN NIMMT ZU

Paradoxerweise neigen viele Menschen dazu, vor der Abreise ein paar Pfunde zuzunehmen, obwohl sie Sport treiben. Der Reisende will kurz vor der Abreise noch einmal unbedingt «Reserven anlegen». Es ist, als würden Käse, Brot, Wurst und Wein während seiner Abwesenheit verschwinden.

SPAREN WIRD ZUR PRIORITÄT

Eine Reise vorzubereiten kann schnell den Rappenspalter in uns wecken. Denn je näher der Tag der Abreise rückt, desto öfter stellt man sich vor, wofür man die paar Euro mehr auf der Reise ausgeben könnte. «Ein Tapas-Abend mit Rotwein auf der Terrasse mit Freunden? Auf der Rechnung kann schnell mal ein Betrag stehen, der dem Essensbudget einer ganzen Woche entspricht.»

DIE VORBEREITUNG

WORAN MUSS MAN WANN DENKEN?

EINE WOCHE VOR DER ABREISE

- Scannt alle wichtigen Dokumente ein (Reisepass, Versicherungsscheine, internationaler Führerschein, eventuell Visa, Impfpass...) und speichert diese online an einem leicht zugänglichen Ort (schickt sie euch selbst per E-Mail oder speichert sie in der Cloud).

- Lasst Passfotos von euch machen. Ihr werdet sie bei einigen Visumanträgen benötigen.

- Achtet darauf, dass ihr alle wichtigen Telefonnummern zur Hand habt: die Telefonnummer einer nahestehenden Person, die im Notfall benachrichtigt werden kann, die Telefonnummer eurer Bank, um eure Karte sperren zu lassen, die Telefonnummer eurer Versicherung.

- Druckt alle eure Versicherungsscheine aus (eventuell müsst ihr diese für manche Visa vorzeigen).

EINEN MONAT VOR DER ABREISE

- Dieser Zeitpunkt fällt oft mit dem Umzug zusammen. Viel Erfolg!

- Lasst eure Post an eine Vertrauensperson nachsenden.

- Das Visum für das erste Land beantragen, falls das vorab nötig sein sollte.

SECHS MONATE VORHER

- Vereinbart einen Termin bei eurem Hausarzt oder einer Impfstelle/ einem Tropeninstitut, um die nötigen Impfungen zu besprechen.

- Wenn ihr fliegen wollt, solltet ihr euch jetzt um einen Flug kümmern oder bei einem Fachreisebüro Angebote für Around-the-World-Tickets einholen.

- Überlegt euch gut, was während der Reise mit eurer Wohnung passieren soll: Verkauf, Vermietung, Untermiete? Leitet die notwendigen Schritte in die Wege.

- Generell ist jetzt ein guter Zeitpunkt, um das Thema bei der Arbeit aufzuwerfen (abhängig von eurem Vertrag).

AM VORABEND

- Schliesst den Rucksack und entspannt euch! Verbringt den Abend mit euren Verwandten / Freunden und bleibt vor allem gelassen. Was jetzt kommt, wird fantastisch sein.

ZWEI WOCHEN VOR DER ABREISE

- Beginnt nun langsam euren Rucksack zu packen und kauft die fehlende Ausrüstung.

- Jetzt beginnt die Käse- / Schokoladen- / Wurstkur, kurz gesagt eine Kur für alles, was euch eventuell unterwegs fehlen könnte.

DREI MONATE VOR DER ABREISE

- Beantragt einen internationalen Führerschein.

- Vereinbart bei verschiedenen Ärzten einen Termin für einen Check-up: Frauenarzt, Augenarzt, Zahnarzt usw.

- Schliesst gegebenenfalls eine Reiseversicherung ab.

- Informiert euch über die Steuererklärung. Muss sie vorab eingereicht werden?

- Denkt daran, alle Abos und Mitgliedschaften zu kündigen. Bei den meisten Verträgen wie Fitnessstudio, Handy, Verkehrsmittel, TV/Internet gibt es eine dreimonatige Kündigungsfrist.

- Überprüft die Gültigkeit des Reisepasses und achtet darauf, dass noch genügend freie Seiten für die verschiedenen Visa zur Verfügung stehen. Beantragt gegebenenfalls einen neuen.

- Nehmt Kontakt mit eurer Bank auf und findet die beste Lösung, wie ihr die Gebühren für das Geldabheben im Ausland minimieren könnt.

EIN JAHR VORHER

- Plant langsam die Reiseroute und das dafür benötigte Budget.

- Lasst den Traum zu einem Projekt werden, indem ihr ein Abreisedatum festlegt.

- Wenn ihr euch für einen unbezahlten Urlaub entscheidet, solltet ihr euch bei eurem Arbeitgeber nach den Bedingungen erkundigen.

SPAREN

«Wow, eine Weltreise? Sag mal, hast du im Lotto gewonnen? Das gibt es doch nicht!»

Diesen Kommentar haben wir unzählige Male gehört. Zwar gibt es ein paar Glückspilze, die ihre Weltreise mithilfe eines unverhofften Gewinns finanziert haben, aber die grosse Mehrheit (einschliesslich wir) greift ganz klar auf eine gängigere Methode zurück: das Sparen.

Eine grosse Reise zu planen und dafür zu sparen ist keine Kleinigkeit. Es erfordert zum einen viel Disziplin, aber zum anderen auch eine neue Art, seine Prioritäten zu setzen. Natürlich hängen die Sparfähigkeit und vor allem die dafür nötige Zeit unmittelbar von unserer Situation und vom Gehalt ab.

In der Schweiz sind die Gehälter bekanntlich relativ hoch. Vor unserer Abreise arbeiteten wir allerdings in Wien. Unser monatliches Nettogehalt betrug weniger als 1500 Euro pro Person: In Österreich kann man damit ein finanziell gesichertes Leben führen, ohne allerdings grossen Sprünge machen zu können. Um die notwendige Summe für den grossen Aufbruch zusammenzubekommen, haben wir hier ein paar Regeln aufgelistet, die wir befolgt haben.

SEINE FREIZEITAKTIVITÄTEN ÜBERDENKEN

Wir werden euch nicht empfehlen, während des Sparens ein Einsiedlerdasein zu führen. Versucht diesen Zeitraum eher als eine neue Art des Kennenlernens eurer Freunde zu sehen. Schlagt ihnen statt eines Restaurantbesuchs ein Essen bei euch zu Hause oder spontane Picknicks vor. Und das Ausleihen einer DVD oder ein Film im Internet können die Kinobesuche ersetzen.

SEINE ABOS KÜNDIGEN

Erstellt eine Liste mit allen Abos und behaltet nur die Wichtigsten. Handy, Fitnessstudio, Netflix, Spotify, Schwimmbad, öffentliche Verkehrsmittel, ein Abo für Produkte, die nach Hause geliefert werden, usw. Die Liste kann lange werden!

SEIN MITTAGESSEN VORKOCHEN

Ersetzt man die Restaurant- oder Kantinenbesuche mit Kollegen durch Mahlzeiten, die man am Vorabend schon zubereitet hat, kann man auch einiges an Geld sparen.

AUF DAS AUTO VERZICHTEN

Manchmal leichter gesagt, als getan. Versucht aber dennoch über den tatsächlichen Nutzen eures Autos nachzudenken. Lebt ihr in der Stadt, würde sich doch ein einjähriges Abo für den öffentlichen Nahverkehr anbieten. Mit dem Wert des Autos, den Versicherungen, Spritkosten, Reparaturen, Parkgebühren und was weiss ich noch alles garantiere ich euch, dass allein schon diese mögliche Ersparnis einen grossen Teil des Budgets für die Weltreise darstellt! Also: Holt die Fahrräder raus und stärkt eure Wadenmuskulatur (die werdet ihr ohnehin brauchen).

ALLES ÜBERFLÜSSIGE LOSWERDEN

Einige meiner Freundinnen, die Bemerkungen zu meinem Reisebudget gemacht haben, sind «Ästhetikjunkies». Sie lassen sich epilieren, gehen alle zwei Monate zum Coiffeur, alle drei Wochen zur Maniküre und zweimal im Monat zur Entspannungsmassage. Rechnet man das alles zusammen, beträgt das Schönheitsbudget monatlich fast 200 Euro. Wenn man weiss, wie man einen Nagellackpinsel anwendet und ein Epiliergerät bedient und seine Haare wachsen lässt, kann man viel Geld sparen.

AUSGABEN NOTIEREN

Sich alles zu notieren, wofür man im Lauf eines Jahrs sein Geld ausgibt, ist bei Weitem die beste Methode, um alles Überflüssige herauszufiltern und sich dazu zu animieren, nach günstigeren Lösungen zu suchen. Ich hatte zum Beispiel den Tick, dass ich mir immer nach der Mittagspause meine Cola Light kaufte. Das waren jeden Mittag 2 Euro! Wenn ich mir also meine Cola im 12er-Pack im Supermarkt kaufe, käme ich auf weniger als 1 Euro pro Flasche ... ich verzichtete nicht auf meine Cola, aber dafür nahm ich sie von nun an von zu Hause mit. Dadurch, dass ich ein Arbeitsjahr lang – das sind 251 Arbeitstage – jeden Mittag 1.10 Euro sparte, brachte ich allein mit meiner Cola Light schon 280 Euro zusammen. In Asien kann man mit diesem Betrag fast zwei Wochen lang herumreisen!

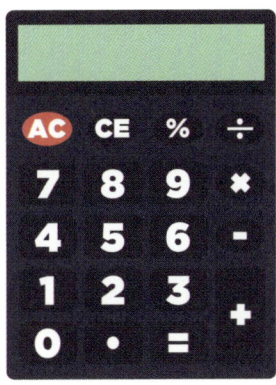

SEINE REISEROUTE VORBEREITEN — DIE LOGISTIK

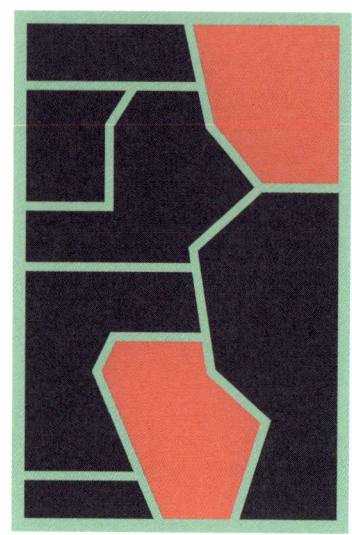

Bei der Reisevorbereitung gibt es zwei Extreme von Personen: diejenigen, die eine Reiseroute auf den Tag genau planen, und diejenigen, die beschliessen, sich ohne einen Plan im Kopf auf den Weg zu machen. Zwischen diesen beiden Extremen gibt es zahlreiche Varianten: Die gängigste Variante ist, eine Gesamtroute, eine allgemeine Reiserichtung zu planen, ohne jedoch den Namen oder die Reihenfolge der Länder in Stein zu meisseln.

Mein Tipp? Stellt erst einmal eine Liste mit allen Ländern auf, die euch einfallen. Ihr werdet sehen: Eure Liste könnte durchaus sehr lang werden. Aber keine Panik. Wenn ihr die Liste erst einmal in den Händen haltet, könnt ihr sie überarbeiten, wenn ihr ein paar einfache Regeln befolgt.

1. NUTZT DEN WETTERBERICHT, UM DIE RICHTUNG EURER REISE FESTZULEGEN

Laut Maria, unserer peruanischen Reiseführerin, gibt es kein schlechtes Wetter, sondern nur falsche Kleidung.

Diesen Satz hat sie ständig wiederholt, als wir mitten in den Anden eine Trekkingtour machten und sich eine junge Brasilianerin aus unserer Gruppe über die Kälte beschwerte. Im Prinzip bin ich zu 200 % mit dieser Philosophie einverstanden. Aber mal ehrlich: Ein Land bei Sonnenschein zu besuchen kann sich als ein wenig angenehmer herausstellen als bei Regen. In Ländern wie Indonesien reicht die durchschnittliche monatliche Niederschlagsmenge zwischen der «trockenen» Jahreszeit und der Regenzeit von 30 Milimeter bis über 300 Milimeter.

Dasselbe gilt für die Jahreszeiten. Möchtet ihr eine Trekkingtour in Patagonien machen, müsst ihr zwischen Ende des Frühjahrs und Herbst dorthin kommen. Im Winter ist ein Grossteil der Nationalparks geschlossen und für Wanderer nicht zugänglich. Vergesst bei euren Berechnungen aber nicht, dass unterhalb des Äquators die Jahreszeiten umgekehrt sind!

2. BERÜCKSICHTIGT AUFLAGEN BEI DER VISABEANTRAGUNG

Bestimmte Länder wie Russland oder China haben bis heute eine Visumspolitik, die Touristen vorschreibt, ein Visum in ihrem Heimatland zu beantragen. Es ist fast eine unerfüllbare Aufgabe, es unterwegs zu beantragen. Die Einreise ins Land muss in der Regel in den ersten drei Monaten nach Erhalt des Visums erfolgen. Es ist deshalb empfehlenswert, diese Länder am Anfang eurer Reiseroute mit einzuplanen.

3. PASST DIE LÄNDER AN EUER BUDGET AN

Während unserer Vorbereitungen standen auch Japan, Südafrika, Neuseeland, Australien und sogar die Antarktis auf unserer Liste mit den Ländern, die wir besuchen wollten. Allerdings haben wir diese wieder gestrichen. Nicht die Lust hinderte uns, sondern das mit der Entdeckung dieser Länder verbundene Budget hätte uns dazu gezwungen, die Dauer unserer Weltreise zu verkürzen, um noch im finanziellen Rahmen zu bleiben.

(Quelle: https://planificateur.a-contresens.net)

LAOS
DURCHSCHNITTLICHES TAGESBUDGET
20€ = 196 839 ₭ (KIP)

INDIEN
DURCHSCHNITTLICHES TAGESBUDGET
21€ = 1675 ₹ (INDISCHE RUPIE)

VIETNAM
DURCHSCHNITTLICHES TAGESBUDGET
24€ = 644 446 ₫ (DONG)

BOLIVIEN
DURCHSCHNITTLICHES TAGESBUDGET
25€ = 213,1 $b (BOLIVIANO)

INDONESIEN
DURCHSCHNITTLICHES TAGESBUDGET
27€ = 431 651 Rp (INDONESISCHE RUPIE)

PERU
DURCHSCHNITTLICHES TAGESBUDGET
29€ = 110 S/ (SOL)

THAILAND
DURCHSCHNITTLICHES TAGESBUDGET
32€ = 1232 ฿ (BAHT)

CHINA
DURCHSCHNITTLICHES TAGESBUDGET
34€ = 265 ¥ (YUAN)

CHILE
DURCHSCHNITTLICHES TAGESBUDGET
36€ = 27 786 $c (CHILENISCHER PESO)

ARGENTINIEN
DURCHSCHNITTLICHES TAGESBUDGET
41€ = 835 $A (ARGENTINISCHER PESO)

AUSTRALIEN
DURCHSCHNITTLICHES TAGESBUDGET
53€ = 83 A$ (AUSTRALISCHER DOLLAR)

SEINE REISEROUTE VORBEREITEN — UNSERE TIPPS

FANGT MIT LÄNDERN AN, IN DENEN IHR EUCH WOHLFÜHLT

Oft liest man, dass einem jedes Land andere Stolpersteine in den Weg legt, vor allem unerfahrenen Touristen. In Wirklichkeit ist es keine Frage von Schwierigkeiten ... ich würde stattdessen sagen, dass der Tourist nicht sofort für alle Länder bereit ist.

Als wir unsere Reise planten, wollte ich unbedingt mit Asien beginnen. Diese Entscheidung war nicht vernunftgeleitet, aber ich wusste nicht viel über Südamerika und ich muss gestehen, das hat mir etwas Angst gemacht. Ich wollte erst einige Erfahrungen als Backpackerin sammeln, bevor ich diesen Kontinent betrat.

Nach unseren zehn wundervollen Monaten in Südamerika wurde mir klar, dass meine Ängste unbegründet gewesen waren. Dennoch bereue ich es nicht, unser Abenteuer in Asien begonnen zu haben.

UNTERSCHÄTZT NICHT DIE GRÖSSE EINES LANDES

«Wow, zweieinhalb Monate in China? Ihr müsst das Land wie eure Westentasche kennen!» Diesen Kommentar hörten wir immer wieder, als wir erwähnten, dass wir während unserer Weltreise zehn Wochen dort verbracht hatten. Um auf diese Frage zu antworten, hier eine einfache Gleichung:

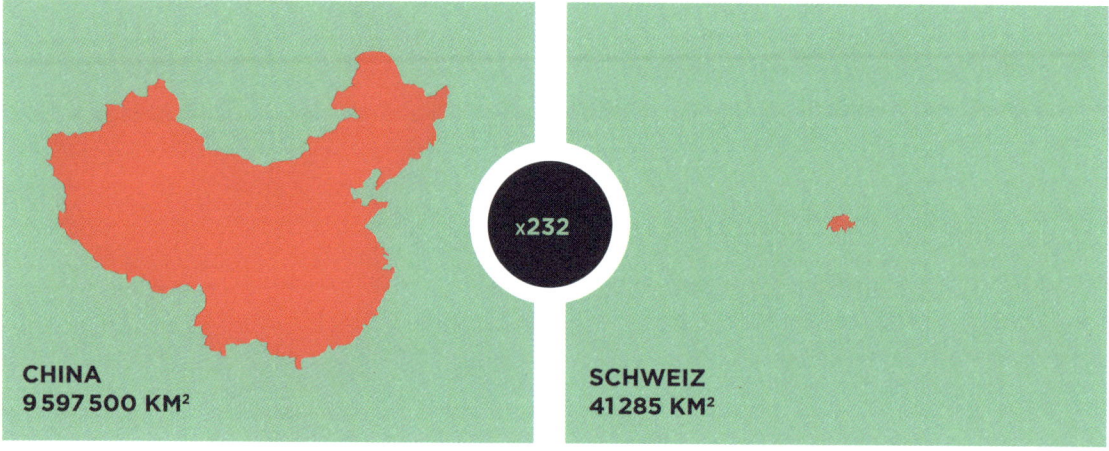

CHINA
9 597 500 KM²

SCHWEIZ
41 285 KM²

Rechnet man nach, wird einem klar, dass China in Bezug auf die Fläche mindestens 232-mal grösser als die Schweiz ist. Unsere 67 Tage in China sind ungefähr so viel wie 7 Stunden in der Schweiz.

OFFEN BLEIBEN FÜR ÄNDERUNGEN

Ob man eine Reiseroute plant oder nicht, bleibt jedem selbst überlassen. Scheut euch nicht davor, eure Route zu planen, nur weil ihr gelesen habt, dass man besser spontan entscheiden soll. Dasselbe gilt auch, wenn ihr vorhabt, euch ohne Plan auf den Weg zu machen: Lasst euch nicht von den Kommentaren oder Fragen anderer verunsichern. Es ist eure Reise und sie muss euren Vorstellungen entsprechen. Da ich vor der Abreise eine zwanghafte Planerin war, musste ich persönlich wissen, wie mein Jahr aussehen würde. Ich habe Excel-Tabellen mit verschiedenen Klimata und der «optimalen» Dauer pro Land erstellt, habe Szenarien simuliert ... kurzum: Ich wusste vor unserer Abreise, wohin es gehen würde.

Wie soll ich euch erklären, dass die Dinge am Ende nicht so gelaufen sind wie geplant?

AUGUST 2013	SEPTEMBER 2013	OKTOBER 2013
CHINA	CHINA	CHINA + TAIWAN
CHINA	CHINA	CHINA + TAIWAN

JANUAR 2014	DEZEMBER 2013	NOVEMBER 2013
VIETNAM	KAMBODSCHA + VIETNAM	TAIWAN + HONGKONG + THAILAND
VIETNAM + LAOS	KAMBODSCHA + VIETNAM	THAILAND

FEBRUAR 2014	MÄRZ 2014	APRIL 2014
VIETNAM + LAOS	LAOS + INDONESIEN	INDONESIEN + AUSTRALIEN + OSTERINSEL
THAILAND + INDONESIEN	AUSTRALIEN	CHILE + PATAGONIEN

JULI 2014	JUNI 2014	MAI 2014
ECUADOR	ECUADOR	ECUADOR
ECUADOR	PERU	BOLIVIEN

AUGUST 2014	SEPTEMBER 2014	OKTOBER 2014
ECUADOR + PERU	PERU + BOLIVIEN	ARGENTINIEN
KOLUMBIEN	ENDE DER REISE	ENDE DER REISE

JANUAR 2015	DEZEMBER 2014	NOVEMBER 2014
ARGENTINIEN + FINNLAND + GEORGIEN	ARGENTINIEN + CHILE	ARGENTINIEN + CHILE
ENDE DER REISE	ENDE DER REISE	ENDE DER REISE

FEBRUAR 2015
LITAUEN + TÜRKEI + GRIECHENLAND
ENDE DER REISE

🟢 **UMGESETZTE REISEROUTE**

🟠 **VORGESEHENE REISEROUTE**

RUSSLAND
17 000 000 KM²

USA
9 826 675 KM²

DEUTSCHLAND
357 340 KM²

ÖSTERREICH
83 879 KM²

SCHWEIZ
41 285 KM²

WIE BERECHNET MAN SEIN BUDGET?

Es gibt fast genauso viele Budgets wie Weltreisende. Wir werden euch in diesem Kapitel deshalb keine Zahlen nennen, die zwangsläufig dem Budget eurer Reise entsprechen, sondern Mittelwerte und Faktoren aufführen, die ihr berücksichtigen müsst, wenn ihr euer Budget berechnet.

WIE VIEL KOSTET EINE WELTREISE?

Es ist schwierig, eine genaue Zahl zu nennen, aber durchschnittlich betragen die Kosten für eine einjährige Weltreise in der Regel zwischen 12 000 und 15 000 Euro pro Person (wenn man alle nachfolgenden Punkte mit einberechnet).

DIE WESENTLICHEN EINZUPLANENDEN AUSGABEN

AUSGABEN VOR DER ABREISE
Kauf von Ausrüstung, Flugtickets usw.

VERWALTUNGSKOSTEN
Dazu zählen mögliche Kosten für die Beantragung von Visa und Bankgebühren.

GESUNDHEITSKOSTEN
Versicherungen und Impfungen sowie ein kleiner Vorrat an Medikamenten für die Reiseapotheke.

LAUFENDE KOSTEN
Hypothekarkredit, Hausrat-, Wohngebäude-, Autoversicherung usw. Im Idealfall versucht man vor seiner Abreise, die meisten dieser Kosten zu reduzieren, indem man seine Güter verkauft oder vermietet.

TÄGLICHE AUSGABEN PRO LAND
Dieses Budget ist von Land zu Land unterschiedlich und umfasst in der Regel die Übernachtungskosten, den öffentlichen Nahverkehr, das Essen sowie Besichtigungen und Freizeitaktivitäten.

ZUSÄTZLICHE KOSTEN
Eine Reise bietet auch die Gelegenheit, sich selbst eine Freude zu machen. Deshalb ist es gut, für ausgefallene Freizeitaktiviäten oder einen «nicht lebenswichtigen» Einkauf ein kleines zusätzliches Budget mit einzukalulieren.

BUDGET FÜR DIE RÜCKREISE
Für eine sorgenfreie Rückkehr ist es besser, ein paar Reserven mit einzuplanen. Diesen Betrag legt man beiseite und rührt ihn während der ganzen Reise nicht an.

FAKTOREN, DIE EIN BUDGET ÄNDERN KÖNNEN

WAHL DER LÄNDER
Der wahrscheinlich wichtigste Punkt. Das Tagesbudget variiert sehr stark von Land zu Land. Das durchschnittliche Tagesbudget in Japan zum Beispiel ist dreimal höher als in Laos.

AUFENTHALTSDAUER PRO LAND
Langsames Reisen ist billiger. Die Reisekosten sind geringer und man kann leichter einen besseren Preis in einem Hotel aushandeln, wenn man mehrere Nächte bucht.

EURE KOMFORTERWARTUNGEN
Eine Nacht in einem Drei- bis Vier-Sterne-Hotel kann mindestens das Drei- oder Vierfache von dem einer spartanisch eingerichteten Pension oder eines Betts in einer Jugendherberge kosten. In der Regel übernachtet man nicht in derselben Art von Unterkunft, wenn man über längere Zeit unterwegs ist, wie wenn man nur zwei Wochen verreist.

EURE FREIZEITGESTALTUNG
Ich erzähle euch nichts Neues, wenn ich sage, dass ein einwöchiger Wanderausflug, für den man im Supermarkt eingekauft hat, viel billiger ist als eine Woche Tauch-ferien auf einer paradiesischen Insel.

EURE ERNÄHRUNGSWEISE
Wenn ihr in Asien und Südamerika lokale Spezialitäten verspeist, kommt euch das in der Regel drei- bis viermal billiger, als wenn ihr Gerichte aus der west-lichen Welt wie Pizza oder Hamburger esst. Je besser ihr euch der lokalen Küche anpasst, desto weniger Geld gebt ihr aus.

EUER ALKOHOLKONSUM
In vielen Ländern kostet ein Bier in einer Bar mehr als eine komplette Mahlzeit in einer örtlichen Gaststätte.

ANZAHL DER REISENDEN
Wenn man zu zweit oder als Familie verreist, kann man die Durchschnitts-kosten pro Person in der Regel etwas reduzieren. Wenn man zu mehreren ist, zahlt man generell im Verhältnis weniger für eine Unterkunft. Man teilt sich die Kosten für das Taxi und die Autorikscha, und sogar die Essenskosten kön-nen bis zu einem gewissen Grad reduziert werden.

BUDGET FÜR DIE WELTREISE — AUSGABEN PRO LAND

Hier seht ihr eine Karte mit dem Durchschnittsbudget pro Land für eine längere Reise:

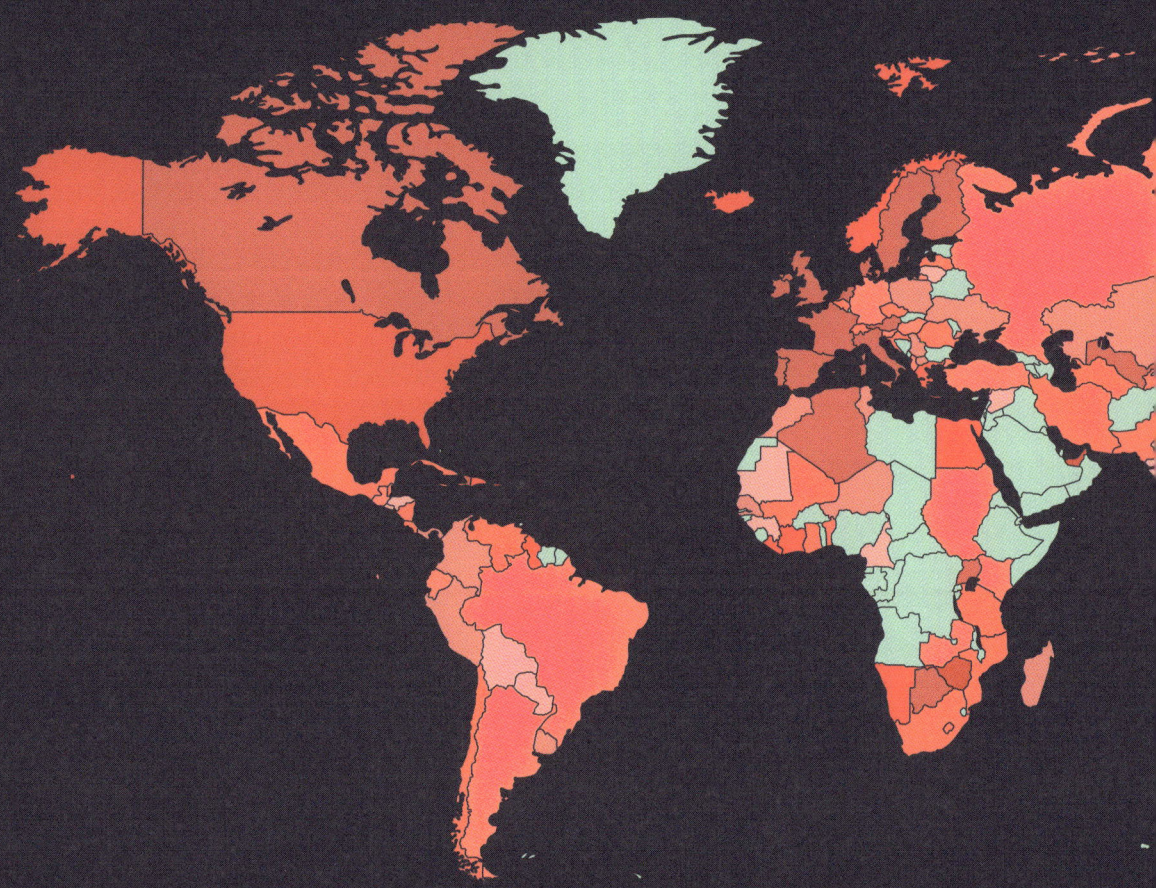

< 25 €   > 65 €

DIE DURCHSCHNITTLICHEN TAGESAUSGABEN PRO PERSON BEINHALTEN:

UNTERKUNFT: Übernachtungen in Gästehäusern und örtlichen Pensionen.
TRANSPORT: Ortsbusse für Überlandreisen, öffentliche Verkehrsmittel, Fahrrad-/Motorroller-verleih.
ESSEN: drei Mahlzeiten pro Tag.
MÖGLICHE VISAGEBÜHREN
TOURISTISCHE AKTIVITÄTEN: Museen, Tempel.

NICHT ENTHALTEN SIND:

REISEKOSTEN
AUSGEFALLENE AKTIVITÄTEN (Fallschirmsprung, Tauchen usw.)
SHOPPING

**DREI LÄNDER MIT
EINEM TAGESBUDGET
UNTER 25 €:**

**LAOS: 20 € / TAG
INDIEN: 21 € / TAG
BOLIVIEN: 25 € / TAG**

**DREI LÄNDER MIT EINEM
TAGESBUDGET ÜBER 35 €:**

**ARGENTINIEN: 41 € / TAG
AUSTRALIEN: 53 € / TAG
JAPAN: 69€ / TAG**

SEIN BUDGET BERECHNEN

DER REISEPLANER VON «A-CONTRESENS»

Die obigen Zahlen stammen aus dem hervorragenden Online-Reiseplaner von «A-contresens» (www.planificateur.a-contresens.net — grossartige Webseite, vorläufig nur auf Französisch). Auf dieser interaktiven Seite können Touristen ihre Reiseroute unter Berücksichtigung der klimati-schen Verhältnisse planen, aber auch ihr Budget berechnen, indem sie auf eine Datenbank zu-greifen, die zahlreiche Budgets von Touristen umfasst, die das jeweilige Land bereits bereist haben.

VOR DER ABREISE AN DIE GESUNDHEIT DENKEN

ARZTBESUCH ZUR KONTROLLE UND FÜR REZEPTE

Bevor ihr eine lange Reise unternehmt, solltet ihr bei eurem Hausarzt einen Check-up machen lassen. Solltet ihr wegen einer chronischen Erkrankung in Behandlung sein, dann bittet den Arzt um ein Rezept für ein ganzes Jahr und findet heraus, ob eure Medikamente auch im Ausland erhältlich sind (möglicherweise unter einem anderen Namen). Für die Damen: Lasst bei eurem Frauenarzt noch einmal eine Kontrolluntersuchung durchführen und bittet ihn gegebenenfalls um ein Sonderrezept, damit ihr die Pille für das kommende Jahr gleich auf einmal kaufen könnt.

IMPFUNGEN

Um zu wissen, welche Impfungen empfohlen sind, ist es das Beste, wenn ihr euren Hausarzt oder eine Impfstelle aufsucht. Erstellt eine Liste mit den Ländern, die ihr bereisen möchtet, und wendet euch an einen Arzt.

GEGEN FOLGENDE KRANKHEITEN MUSS MAN GEIMPFT SEIN:

- Hepatitis
- Typhus
- Tollwut
- Diphtherie und Tetanus
- Gelbfieber (diese Impfung ist für bestimmte Länder Pflicht)

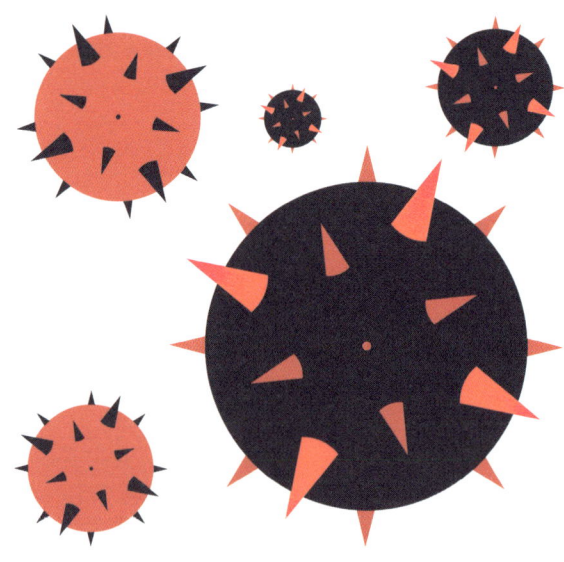

EINE VERSICHERUNG ABSCHLIESSEN

Vor der Abreise müsst ihr unbedingt überprüfen, ob ihr richtig versichert seid. Für lange Reisen nimmt man üblicherweise eine Auslandskrankenversicherung in Anspruch. Diese «Weltreise-Versicherungen» sind in der Regel sehr umfassend. Einerseits decken sie Krankheiten und Unfälle während der Reise ab, andererseits übernehmen sie aber auch oft die Kosten für andere nicht zu vernachlässigende Faktoren wie Haftpflicht, Rücktransport, riskante Sportarten, Flugausfälle sowie Verlust und Diebstahl von Gepäck.

DER ERSTE-HILFE-KOFFER ZUM MITNEHMEN

Um beim ersten Wehwehchen nicht zum Arzt rennen zu müssen, ist es gut, eine Reiseapotheke bei sich zu haben.

IN DIE REISEAPOTHEKE GEHÖREN:

- Schmerzmittel, die zum Beispiel Paracetamol oder Ibuprofen enthalten, um Schmerzen zu lindern und leichtes Fieber zu bekämpfen;
- Medikamente zur Linderung von Darmbeschwerden (Mittel gegen Durchfall und Erbrechen);
- gegebenenfalls ein Mittel gegen Malaria (je nachdem, welches Land ihr bereist);
- eine Desinfektionssalbe;
- ein kleiner Vorrat an Pflastern, Kompressen und eine elastische Bandage;
- ein Insektenspray;
- ein Sonnenschutzmittel.

DIE RICHTIGE KLEIDUNG

Seinen Rucksack für eine mehrmonatige Reise zu packen ist keine Kleinigkeit. Vor der ersten Reise wird sich die grosse Mehrheit von uns früher oder später zwangsläufig fragen, wie man seine ganzen Sachen in einen 60-Liter-Rucksack bekommt.

DIE GOLDENE REGEL LAUTET: DREI SCHICHTEN

Auf Reisen ist Vielseitigkeit die goldene Regel. Es kommt nicht selten vor, dass man während einer mehrmonatigen Reise verschiedene Klimazonen durchquert. Deshalb ist es äusserst wichtig, dass man gut ausgerüstet ist. Die Grundregel für den Oberkörper, um sich in 90 % der Fälle vor Kälte zu schützen, lautet: drei Schichten.

ERSTE SCHICHT

Das T-Shirt. Mit kurzen oder langen Ärmeln liegt diese Schicht eng am Körper an. Habt ihr vor, viel Sport zu treiben, dann packt überwiegend sogenannte technische Stoffe (Merinowolle) anstatt Baumwolle ein, da diese nicht atmungsaktiv ist.

ZWEITE SCHICHT

Hier ist Wärme das Ziel. Diese Schicht soll den Körper warm halten. Das perfekte Kleidungsstück hier ist eine dicke Fleecejacke oder eine leichte Daunenjacke.

DRITTE SCHICHT

Wasserabweisend und winddicht. Diese Schicht ist unerlässlich, um sich vor äusseren Einflüssen zu schützen. Wählt am besten Modelle aus, die zu 100 % wasserabweisend sind und eine Kapuze haben (Goretex).

DIE MUST-HAVES, UM SICH WARM ZU HALTEN

MÜTZE: Ein grosser Teil der Körperwärme geht über den Kopf verloren. Eine Wollmütze nimmt im Rucksack kaum Platz weg und kann euch sehr nützlich sein.

LEGGINGS: Nicht gerade das sexyste Modeaccessoire, aber das habe ich während unserer Weltreise letztlich am häufigsten getragen. Da der Stoff leicht und bequem ist, können Leggings als Pyjama in einem Schlafraum oder als ideales Kleidungsstück für lange Busfahrten und Flüge dienen, und unter einer Hose halten sie auch noch warm.

KLEIDERWAHL: STIMMT ALLES AUFEINANDER AB UND ACHTET AUF DIE FARBEN

Eine lange Rucksackreise birgt in der Regel nicht gerade stylische Höhepunkte. Aber wenn ich euch einen Rat geben darf: Nehmt nur Kleidungsstücke mit, die ihr auch aufeinander abstimmen könnt. Vergesst sofort das bunte T-Shirt, das nur zu bestimmten Shorts passt. Im Idealfall sollten all eure Oberteile zu all euren Hosen getragen werden können. Dadurch habt ihr mehr Auswahl, wenn ihr erst einmal auf Reisen seid.

Bei den Farben gibt es keine besonderen Einschränkungen, auch wenn ich helle Farben vermeiden würde, da diese schneller schmutzig werden. Und achtet noch auf Folgendes: In einigen Ländern können bestimmte Farben eine politische Konnotation haben. So sollte man in der Ukraine die Farbe Orange vermeiden, da diese mit der gleichnamigen Revolution assoziiert wird. In Malaysia steht Gelb für eine Aktivistengruppe und ist deshalb nicht gerne gesehen.

PACKEN IST AUCH EINE PERSÖNLICHE SACHE

Vor unserer Abreise las ich so viele Blogartikel und Bücher wie möglich, um sicher zu sein, dass ich nichts vergessen und nur das Wichtigste mitnehmen würde. Mehrfach habe ich gelesen, dass man auf keinen Fall eine Jeans mitnehmen sollte. Eine Jeans ist schwer, trocknet langsam und ist nicht sehr bequem, sagen manche.

Der Haken an der Sache ist nur, dass ich ein sogenanntes Jeansgirl bin. Ich liebe sie, trug sie vor der Abreise fast täglich und wollte mich nicht davon trennen. Deshalb habe ich entgegen aller Ratschläge letztendlich beschlossen, doch eine mitzunehmen. Das Urteil? Ich bin froh, dass ich sie mitgenommen habe. Ich habe sie zwar nicht jeden Tag getragen – vor allem nicht in heissen Ländern –, aber in den Städten schwebte ich im siebten Himmel, weil ich etwas anderes als meine Abenteuerkleidung anzuziehen hatte. Ich will euch damit nicht sagen, dass ihr eine Jeans mitnehmen sollt. Was ich euch zu sagen versuche, ist, dass man beim Packen zwar auf die Meinungen und Empfehlungen anderer hören, sich aber auch auf seinen Instinkt verlassen soll.

DER RICHTIGE RUCKSACK

AUF DEN RICHTIGEN RUCKSACK KOMMT ES AN: DIE ZU BEACHTENDEN GRUNDREGELN

– Nehmt zwei Rucksäcke. Tragt einen grossen auf dem Rücken und einen kleineren vor der Brust. In den Letzteren verstaut ihr eure Elektronikgeräte wie Smartphone oder Tablet und wichtige Dokumente. So werdet ihr diese Dinge immer griffbereit haben.
– Nehmt keinen allzu grossen. Ein Rucksack mit 50–70 Liter Inhalt reicht für eine lange Reise völlig aus. Beim kleinen Rucksack empfehlen wir euch einen mit 10–30 Litern, je nachdem wie eure Bedürfnisse sind.
– Im Idealfall überschreitet das Gewicht des Rucksacks nicht 15 bis 20 % des Körpergewichts der Person, die ihn trägt.
– Kauft eure Rucksäcke nicht im Internet, sondern in einem Laden. Mit Rucksäcken ist es wie mit Schuhen: Man muss sie anprobieren können, um zu wissen, ob sie passen!

DIE WAHL DES RUCKSACKS: KRITERIEN, DIE ZU BERÜCKSICHTIGEN SIND

EIN RUCKSACK, DER ZUM KÖRPERBAU PASST

Unter den Rucksackmodellen für Männer und Frauen gibt es gewaltige Unterschiede. Doch selbst innerhalb ein und derselben Kategorie können gewisse Punkte stark variieren. Hier sind ein paar Faktoren aufgelistet, auf die ihr achten müsst:
– Verstellbare Rückenlänge;
– Breite und Grösse des Beckengurts. Dieser muss sich festziehen lassen, auch wenn ihr ein T-Shirt trägt;
– Abstand der Schultergurte. In der Regel haben die Herren etwas breitere Schultern als die Damen. Dieser Faktor muss deshalb bei den Schultergurten mit berücksichtigt werden;
– für die Damen: Vergewissert euch, dass der Brustgurt höhenverstellbar ist. Ansonsten tragt ihr entweder unabsichtlich einen Push-up-BH oder einen «Brustflachmacher», der sehr wehtut.

TRAGEKOMFORT

Glaubt mir: Ihr werdet euren Rucksack unzählige Stunden auf dem Rücken tragen. Deshalb sollte er auch bequem sitzen:
– breite und gepolsterte Schultergurte;
– ein fester Rücken: sehr wichtig, damit das Gewicht des Rucksacks auf den Hüften und nicht auf den Schultern lastet;
– breite und gepolsterte Beckengurte.

WÄHLT EINE ALLERWELTSFARBE

Auch wenn Weiss schick und Hellrosa süss aussieht, nehmt lieber Farben, die nicht so schnell schmutzig werden und für alle Gelegenheiten passen. Je weniger Aufmerksamkeit ein Rucksack auf sich zieht, desto seltener wird er auch gestohlen.

DENKT AN DIE ERREICHBARKEIT

Um nicht seinen ganzen Rucksack ausleeren zu müssen, wenn man das Paar Socken haben möchte, das sich unten im Rucksack befindet, wählt man lieber einen Rucksack, der vorne Öffnungen mit – wenn möglich – mindestens zwei getrennten Fächern hat.

ROBUSTHEIT UND KLIMABESTÄNDIGKEIT

Ein guter Rucksack muss Verschlüsse und feste Nähte sowie eine integrierte Regenschutzhülle haben.

GURTE UND AUSSENTASCHEN

Bei einem guten Rucksack könnt ihr problemlos darunter oder an den Seiten zusätzliche Ausrüstung befestigen (Campingzelt, Wanderstöcke, Isomatte, Schlafsack usw.).

Ausreichend Platz für das Zelt

Fester Rücken

Schmutzabweisende Farbe

Reissverschlüsse für ein leichtes Öffnen der verschiedenen Rucksackfächer

Integrierte Regenschutzhülle am Rucksackboden

Gepolsterter und robuster Schulter- und Beckengurt

ANEKDOTE EINER ANFÄNGERIN

Als ich mir meinen ersten Rucksack kaufte, habe ich ihn im Laden anprobiert. Alles schien perfekt zu sein. Der Haken daran? Es war Frühling und ich trug eine Jacke. Als wir dann auf Reisen waren (und ich ein paar Pfunde verloren hatte), merkte ich, dass der Beckengurt nicht meinem Körperbau angepasst war. Ich zog ihn fest, so gut es ging, aber das Gewicht des Rucksacks lastete nicht auf meinen Hüften, sondern ausschliesslich auf meinen Schultern. Das Ergebnis meines Einkaufs war: Ich musste mir unter meinem Rucksack einen Pullover um meine Taille binden, um an dieser Stelle etwas dicker zu sein ...

DEN RUCKSACK OPTIMIEREN

Euer Rucksack geht nicht zu und jetzt bekommt ihr Panik? Atmet einmal tief durch. Dann relativiert sich das Ganze. Wenn ihr euren Rucksack wirklich nicht zubringt, ist die Sache eindeutig: Ihr habt zu viel gepackt! Seid ihr nah am Ziel oder wollt das Ganze einfach nur leichter machen, findet ihr hier ein paar praktische Tipps, wie ihr mehr Platz in eurem Rucksack schafft.

TRÄGT ALLES SCHWERE AM KÖRPER, UM EUCH BESSER FORTBEWEGEN ZU KÖNNEN

Solltet ihr Turn- oder Wanderschuhe mitnehmen, trägt sie lieber an den Füssen anstatt sie im Rucksack zu verstauen. Das sieht zwar nicht 100-prozentig glamourös aus, aber dadurch habt ihr viel mehr Platz und euer Rucksack ist auch deutlich leichter.

REIHENFOLGE

Legt immer zuerst grosse, schwere Sachen auf den Boden eures Rucksacks. Dann könnt ihr leichter kleine Dinge darin platzieren, um «die Lücken zu füllen».

LADET AUF SCHLAUE ART UND WEISE AUF

Ihr besitzt viele Elektronikgeräte und wollt mehrere Universal-adapter mitnehmen, um die Geräte gleichzeitig aufladen zu können? Dann packt nur einen mit mehreren USB-Ausgängen ein. So spart ihr Platz. So könnt ihr zum Beispiel euer Smart-phone und eure Digitalkamera gleichzeitig aufladen. Nehmt notfalls noch eine kleine Mehrfachsteckdose mit. Die könnt ihr darauf stecken und ihr habt dann mehr Stromausgänge.

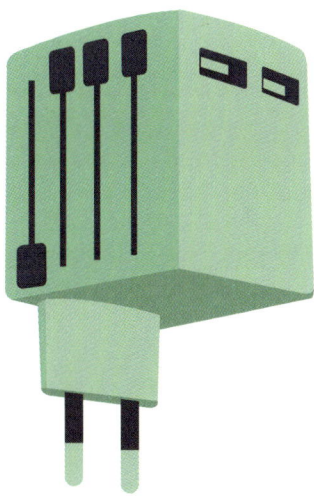

DENKT AN DEN E-BOOK-READER

Buchliebhaber sollten über die Option eines E-Book-Rea-ders nachdenken. Puristen mag diese Wahl schwerfallen, aber glaubt mir: Der zusätzliche Platz und das leichtere Ge-wicht sind das Zugeständnis wert.

KLEIDUNG

Ordnet sie nach Kategorien und bewahrt sie in luftdicht verschlossenen Tütchen auf. Zum einen findet ihr dadurch eure Sachen schneller und sie sind vor Feuchtigkeit geschützt, und zum ande-ren könnt ihr die Taschen auch zusammendrücken und die Luft herauslassen.

VERMEIDET DOPPELTES

Dieser Tipp gilt hauptsächlich für Personen, die als Paar, Freunde oder Familie verreisen. Ei-nigt euch darüber, wer was mitnimmt ... es ist nicht nötig, dass zwei Personen je ein Schwei-zer Taschenmesser, eine Pinzette, einen Nagelknipser, einen Gaskocher, ein Kamerastativ, ein Kartenspiel usw. einpacken.

MEDIKAMENTE

Nehmt alle Medikamente aus der Verpackung und bewahrt nur die Blister in einer kleinen Plastik-tüte auf. Ihr habt Angst davor, den Grund der Anwendbarkeit und die Dosierung zu vergessen? Dann notiert euch auf Post-its die wichtigsten Infos und klebt sie auf die Rückseite der Blister oder schreibt die Dosierung mit einem wasserfesten Filzstift direkt darauf.

FRAUENKRAM

Ohne in die üblichen Klischees einer auf ihr Äusseres bedachten Frau verfallen zu wollen, gibt es dennoch Dinge zu beachten, wenn man als Frau auf Reisen ist.

HAARENTFERNUNG

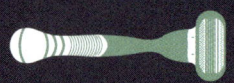

RASIERER

Schnell, leise und fast überall verwendbar. Die Nassrasur ist ein gutes Mittel für geschmeidige Beine und Achseln. Allerdings muss man es auch regelmässig machen, denn ansonsten spriessen die Stoppeln an den Beinen.

EPILIERGERÄT

Eine effiziente Lösung, mit der man vor Haarstoppeln länger seine Ruhe hat als mit einem Rasierer. Allerdings ist es in Schlafräumen weitaus weniger leise und natürlich braucht man eine Steckdose.

WACHSENTHAARUNG

Wenn ihr meine Meinung hören wollt: Vergesst diese Option sofort wieder. Ihr werdet wahrscheinlich sowieso weit und breit keine Kaltwachsstreifen finden und beim warmen Wachs will ich gar nicht von der logistischen Herausforderung sprechen, um dieses auf einer Trekkingtour oder in einer Pension warm zu machen.

DER NATUR FREIEN LAUF LASSEN

Manche Frauen entscheiden sich für diese Option, aber glaubt mir: Manchmal werden euch die Umstände eurer Reise kaum eine andere Wahl lassen.

HAARE

Eine allgemeine Tatsache bei Frauen ist: Sie sind selten mit ihrem Haar zufrieden. Frauen mit glattem Haar beneiden Frauen mit lockigem Haar und Frauen mit einer eher wilden Mähne beneiden die schnelle und mühelose Pflege von glattem Haar. Aber hier kommt eine gute Nachricht: Auf Reisen sind wir, was die Haare betrifft, alle gleich: Wir haben es alle schwer. Die plötzliche Veränderung des Klimas und der Luftfeuchtigkeit oder vielmehr die Trockenheit, der fehlende Zugang zu Pflegeprodukten, das Tragen einer Kappe oder Mütze sowie die Auswirkungen der Sonnenbestrahlung haben oft ungeahnte Auswirkungen auf unser Haar. Natürliche Öle wie Kokosöl, die Haare zusammenzubinden oder zu flechten und Resignation werden wahrscheinlich eure besten Lösungen sein (und falls nicht, bleiben euch immer noch Kopftuch und Hut).

VERHÜTUNG

Vor der Abreise sollte man sich mit dem Thema Verhütung auseinandersetzen. Die Optionen sind grundsätzlich dieselben wie im Alltag, aber die Einschränkungen und das Finden eines Gynäkologen präsentieren das Ganze in einem etwas anderen Licht.

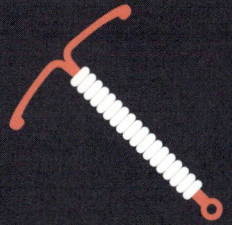

SPIRALE ODER HORMONIMPLANTAT

Die wahrscheinlich praktischsten Verhütungsmittel auf Reisen. Wenn sie erst einmal eingesetzt sind, muss man sich mindestens zwei Jahre lang keine Gedanken mehr über dieses Thema machen. Wenn ihr diese Verhütungsmethode allerdings vor der Abreise noch nie angewendet habt, lasst sie euch unbedingt ein paar Monate vor der Abreise einsetzen, um sicherzugehen, dass ihr sie gut vertragt.

PILLE

Auf Reisen wird euer routinierter Tagesablauf auf den Kopf gestellt. Ihr müsst also doppelt wachsam und diszipliniert sein, wenn ihr euch für diese Verhütungsmethode entscheidet. Ausserdem müsst ihr für die gesamte Reisedauer einen Vorrat davon mit einplanen. Sprecht mit eurem Frauenarzt darüber, damit er euch ein Sonderrezept ausstellt, mit dem ihr euch so viele Schachteln kaufen könnt, wie ihr braucht.

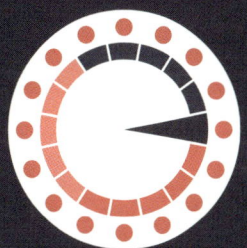

KONDOM

Egal für welche Verhütungsmethode ihr euch entscheidet ... es ist immer gut, auch ein Kondom bei sich zu haben. Bestimmte Verhütungsmittel, wie die Pille, bekommt man nicht so einfach. Kondome sind in der Regel allerdings sehr weit verbreitet.

MENSTRUATION
BINDEN UND TAMPONS

Man kann seine Gewohnheiten auf Reisen durchaus beibehalten. Es erfordert nur etwas mehr Vorausdenken. Niemand muss sich mit einem Vorrat für ein ganzes Jahr auf den Weg machen, aber es ist gut, immer eine kleine Reserve bei sich zu haben. Das, was man braucht, findet man sehr oft in Grossstädten; in Kleinstädten ist das nicht unbedingt immer der Fall.

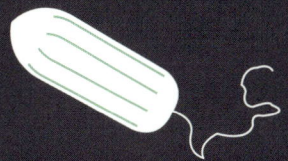

MENSTRUATIONSTASSE

Die 100 % umweltfreundliche Lösung, die immer mehr Anhänger findet. Auf Reisen bereiten nur manchmal die Reinigung und Sterilisierung ein paar Probleme. Aber mit etwas Organisation – und wenn ihr vor allem immer eine Flasche Wasser bei euch habt, um sie sauber zu machen – bleibt sie eine gute Option.

FOTOAPPARAT: WELCHES MATERIAL SOLL MAN MITNEHMEN?

Eine Weltreise ist auch eine einmalige Gelegenheit, um ein paar schöne Fotos zu machen. Egal wie gut man Fotos schiessen kann oder welche Ausstattung man besitzt ... jeder kann auf diesem Gebiet Fortschritte machen.

WELCHER FOTOAPPARAT EIGNET SICH FÜR EINE WELTREISE?

Das ist die grosse Frage, deren Antwort stark von eurer Affinität für Fotos, aber auch von Kriterien wie dem Gewicht, der Auswahl und Auffälligkeit des Materials und dem Budget abhängt.

SPIEGELREFLEXKAMERA

Der Klassiker unter Profis und erfahrenen Amateuren.

+ Vielzahl von Objektiven, optische Zielerfassung
- Grösse und Gewicht, ein grosses Gehäuse kann sehr auffällig sein, Preis

HYBRIDKAMERA

Eine Neuheit auf dem Markt, die im Lauf der Jahre zu einem sehr ernst zu nehmenden Konkurrenten der Spiegelreflexkameras wurde.

+ Grösse und Gewicht, austauschbare Objektive, technische Möglichkeiten, die denen der Spiegelreflexkamera in nichts nachstehen
- Elektronischer Sucher, der etwas Anpassungszeit benötigen kann, Preis

KOMPAKTKAMERA

Der Freizeitfotoapparat schlechthin. Es gibt ihn in sämtlichen Qualitäten und für jeden Geldbeutel.

+ Klein, unauffällig, Zoom und Flash in der Regel integriert, Preis
- Keine austauschbaren Objektive und daher weniger vielseitig verwendbar

ACTION-CAM — TYP GOPRO

Wird oft als Ergänzung für sportliche Tätigkeiten oder Unterwasseraufnahmen und manchmal auch als Hauptgerät verwendet.

+ Kompakt, unauffällig, gute Beständigkeit gegenüber Erschütterungen und Wasser, vielseitig verwendbar
- Bildqualität (vor allem bei schlechten Lichtverhältnissen), begrenzte Einstellungsmöglichkeiten

SMARTPHONE

Die Qualität von Smartphone-Kameras hat sich enorm verbessert. Wollt ihr hauptsächlich schöne Erinnerungen mit nach Hause nehmen, dann reicht ein Smartphone völlig aus. Es gibt viele Fotografen, die vorwiegend ihr Smartphone für Fotos verwenden. Denn für ein schönes Foto sind in der Tat nicht nur die technischen Besonderheiten, sondern auch die Geschichte, die es erzählt, und die Bildkomposition ausschlaggebend.

STATIV

Ein Must-have für lange Belichtungszeiten und eine kluge Wahl für Ganzkörper-Selfies. Doch oft lässt man das Stativ wegen seiner Sperrigkeit zu Hause. Natürlich hängt alles vom Zweck ab, aber ihr müsst wissen, dass es auch sehr leichte Modelle gibt. Für Reisen können zusammenklappbare Ministative ein hervorragender Kompromiss sein.

SPEICHERKARTEN

Fotos, vor allem diejenigen im RAW-Format, benötigen viel Platz. Deshalb sollte man besser genügend Speicherplatz mit einplanen. Allerdings wird empfohlen, mehrere kleine Karten anstatt eine einzige mitzunehmen, denn im Fall eines Problems (Verlust, Diebstahl, Beschädigung) verliert man dann nur einen Teil seiner Fotos.

DENKT AN EINEN ERSATZAKKU

Auf unserer Weltreise ist es uns mehrmals passiert, dass wir nicht jeden Tag Zugang zu Strom hatten (bei Wanderungen, im Dschungel). Und in einer kalten Umgebung leeren sich Akkus sehr schnell. Ein zusätzlicher Akku ist eine kleine Investition, die sich als sehr nützlich erweisen kann.

TIPP: Haltet ihr euch in einem kalten Land auf, lasst den Akku nicht in eurem Gerät, wenn ihr dieses nicht benutzt. Bewahrt ihn stattdessen in der Innenseite eures Mantels auf. So bleibt er warm und wird nicht so schnell leer.

SCHÜTZT EURE AUSSTATTUNG

Wenn ihr eine Spiegelreflex- oder Hybridkamera, Objektive oder einfach nur eine wertvolle Kompaktkamera mitnehmt, solltet ihr besser noch in eine Transporttasche investieren, die eure Ausstattung unterwegs schützt. Im Idealfall hat eure Tasche auch eine wasserdichte Schutzhülle, die gegen mögliche Wetterlaunen schützt.

SICHERHEIT: WIE SCHÜTZT MAN SEINE SACHEN?

VERWENDET VORHÄNGESCHLÖSSER

Denkt daran, eine Schutzhülle für den Rucksack und ein Vorhängeschloss mitzunehmen, mit dem ihr sie verschliessen könnt. So bleibt euer Rucksack komplett geschlossen und niemand kann die Fächer öffnen.

Solltet ihr ein Zelt mitnehmen, denkt daran, ein oder zwei kleine Vorhängeschlösser mit einzupacken (je nachdem, wie viele Öffnungen das Zelt hat), um euer kleines Zuhause aus Kunststoff zu verschliessen, wenn ihr nicht da seid.

Ein Vorhängeschloss schützt zwar nicht vor allem, aber es schreckt Schnüffler ab. Natürlich könnten sie eure Schutzhülle oder euer Zelt jederzeit mit einem Messer aufschlitzen. Aber glaubt mir: Eine Vielzahl von Diebstählen wird von Opportunisten begangen, die den Rucksack oder das Zelt «nur aus Neugierde» öffnen.

GELD

– Bewahrt niemals euer ganzes Geld und eure Kreditkarte am selben Ort auf.
– Verteilt das Geld auf eure Geldbörse, eine Gürteltasche und einen Geldgürtel. Bei den Frauen tut es zusätzlich ein einfaches Futter im BH.
– Bei unserer Reise hatten wir 200 Dollar «als Notgroschen» einkalkuliert. Dieses Geld haben wir sorgfältig auf meinen BH und Benoits Geldgürtel verteilt.
– Nehmt, wenn möglich, nicht zu viel Geld mit. Sucht euch stattdessen lieber eine Bank, die nicht zu hohe Gebühren für Bargeldabhebungen im Ausland verlangt, und hebt regelmässig kleine Beträge ab.

REISEPASS / WICHTIGE DOKUMENTE

- Tragt euren Reisepass immer bei euch, wenn ihr eure Unterkunft verlasst.
- Solltet ihr ihn im Hotel zurücklassen, dann lasst ihn nicht sichtbar auf dem Nachttisch liegen. Versteckt ihn lieber am Boden eures grossen Rucksacks.
- Scannt vor eurer Abreise noch eure ganzen wichtigen Dokumente ein und schickt sie euch per E-Mail, damit ihr immer eine Kopie griffbereit habt.

SCHMUCK

- Hier wäre mein bester Tipp, dass ihr euren kostbaren Schmuck zu Hause lasst (selbst wenn ihr vor der Abreise ein paar Euro in einen «Reise»-Ehe- oder Verlobungsring investieren müsst).
- Denkt daran, dass ihr eure Ringe an Orten, an denen ihr euch nicht wohlfühlt, umdreht, sodass die Steine zur Handinnenfläche zeigen. Plan B: Befestigt euren Ehering an einem Kettchen und steckt dieses unter euer T-Shirt.

ELEKTRONISCHE GERÄTE

Dieser Punkt bereitete uns während unserer ganzen Reise Kopfzerbrechen. Uns war immer etwas bange zumute, wenn wir unsere Notebooks in der Pension zurückliessen, während wir eine Trekkingtour machten. Aber die Option, sie auf dem Rücken mitzuschleppen und eventuell noch zu beschädigen, kam genauso wenig in Betracht.

Manchmal haben wir sie einfach in unseren grossen Rucksäcken versteckt, die wir in der Herberge zurückgelassen hatten, und manchmal, wenn wir zur Person an der Rezeption Vertrauen hatten, übergaben wir ihr ein Täschchen mit all unseren Geräten und baten sie, dieses in ihrem Büro aufzubewahren.

Schlussendlich hatten wir während unserer ganzen Reise nie ein grosses Problem mit Diebstählen. Denkt daran: Mit einer guten Versicherung sind eure Güter abgedeckt. Und vergesst nicht, dass jedes Gerät ersetzbar ist!

RESPEKTVOLL REISEN

Für so manchen ist eine Weltreise auch die Gelegenheit, um sich einem gemeinnützigen oder persönlichen Projekt zu widmen und so in den Ländern, die er bereist, einen Beitrag zu leisten. Das verantwortungsbewusste Reisen und das, was man manchmal «Voluntourismus» nennt, sind Bereiche, die gross im Kommen sind.

In diesem Buch werde ich diese Themen jedoch nicht ansprechen, da wir wahrscheinlich nicht genügend Erfahrung in diesem Bereich haben. Stattdessen möchte ich euch auf kleine Gesten oder einfache Handlungen hinweisen, mit denen ein Tourist im Rahmen seiner Möglichkeiten zur Entwicklung eines Landes beitragen oder einfach nur seinen negativen Einfluss verringern kann.

REDUZIERT PLASTIKMÜLL

In zahlreichen Ländern der Welt ist das Wasser nicht trinkbar. Damit ihr während eurer Reise nicht Tausende Plastikflaschen verwenden und wegwerfen müsst, nehmt bitte eine Filterflasche mit und füllt sie überall dort mit Leitungswasser, wo ihr hinkommt. Diese Lösung ist nicht nur umweltfreundlich, sondern auch kostensparend, denn mit einem Filter kann man – je nach Modell – bis zu 1000 Liter trinken, bevor man die Kartusche austauschen muss.

GEBT EUER GELD VOR ORT AUS

Eine Grundregel, die ihr befolgen solltet, lautet: Kauft wenn möglich in Läden vor Ort ein und nehmt die örtlichen Dienstleistungen in Anspruch.

- Macht eure Einkäufe in kleinen Lebensmittelgeschäften im Stadtviertel oder auf den Märkten anstatt in grossen Supermarktketten.
- Informiert euch über Touren bei einem Reiseführer oder einer kleinen Agentur vor Ort anstatt bei internationalen Organisationen.
- Bucht nicht alles von der Pension aus, die Dutzende Dienstleistungen anbietet, wie die Vermietung von Transportmitteln, Fahrscheine für den Bus, Exkursionen, Massagen, Mahlzeiten usw. Wenn ihr diese Dinge an unterschiedlichen Orten bucht, verschafft ihr so mehreren Personen Arbeit.

MEIDET BESTIMMTE TOURISTISCHE AKTIVITÄTEN

Hinter manchen sogenannten klassischen touristischen Aktivitäten verbergen sich leider manch-mal traurige Realitäten. Daher sollte man deren Entstehung oder Fortbestand keinesfalls unter-stützen. Am besten wäre es, sie einfach zu boykottieren.

EINIGE BEISPIELE

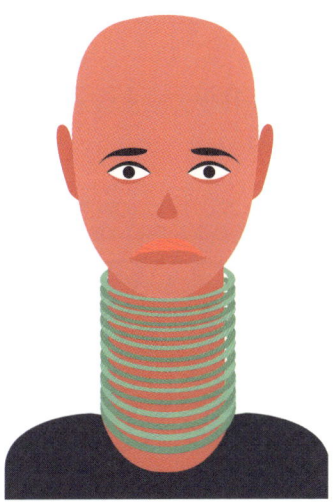

- Elefantenreiten: Die Elefanten werden während der Dres-sur buchstäblich gequält. Wenn ihr mehr darüber wissen wollt, gebt den Suchbegriff «Phajaan» in Google ein (es handelt sich dabei um ein Ritual, bei dem ein Elefant so-lange gedrillt wird, bis er sich seinem Meister unterwirft).
- Raubtiere streicheln oder sich mit ihnen fotografieren las-sen: Tiger, die ausgestreckt neben Touristen liegen, sind keine lieben, zahmen Kätzchen, weil sie gerade wohlge-nährt sind. Vielmehr stehen diese Tiere in den meisten Fäl-len ganz einfach unter Drogen, um sie für die Bilder wehr-los zu machen.
- Vorstellungen mit Inszenierungen von Menschen wie den Giraffenfrauen. Häufig werden diese Frauen in Touristenge-genden von ihren Ehemännern oder dem Stammesführer ausgenutzt und dazu gezwungen, für ein paar Cent eine Show abzuliefern.

GEBT DEN KINDERN KEIN GELD ODER BONBONS

Bettelkinder sind in vielen Ländern weit verbreitet. Denkt daran, dass ihr, wenn ihr ihrem Blick nachgebt, sie in gewisser Weise dazu ermuntert, lieber zu betteln, als in die Schule zu gehen. Möchtet ihr Schulmaterial, Bonbons oder Medikamente spenden, dann gebt sie niemals direkt den Kindern: Wendet euch stattdessen an eine Schule oder ein Krankenhaus. Diese wissen, wie eure Spenden am besten verteilt werden können.

ABFALL: GEBT MÖGLICHST EUER BESTES

Es ist nicht immer klar, wo man seinen Abfall entsorgt. Doch versucht so weit wie möglich, öf-fentliche Mülleimer und Müllcontainer zu bevorzugen, anstatt euren Abfall in die Eimer zu wer-fen, die die Händler am Eingang ihrer Läden hinstellen.

Lasst wenn möglich euren Sondermüll wie Batterien oder defekte Elektronikgeräte solange in eurem Rucksack, bis ihr in eine Stadt oder ein Land gelangt, wo ihr sie korrekt entsorgen könnt.

ANEKDOTE

Wir sassen in einem Bus in China und waren schockiert zu sehen, wie die anderen Fahrgäste die Fenster öffneten und ihre Plastikflaschen und -verpackungen aus dem fahrenden Bus warfen. Wir haben nichts gesagt und unseren Müll stattdessen in den kleinen Mülleimer geschmissen, den der Busfahrer im Gang aufgestellt hatte. In der Pause nahm der Busfahrer den Mülleimer und während wir dachten, er würde den Abfall in einen Müllcontainer kippen, hat er den gesamten Inhalt des Mülleimers vor unseren verdutzten Augen einfach in den Fluss geworfen. Die nächsten Male behielten wir unseren Abfall solange in unseren Rucksäcken, bis wir in einer Stadt ankamen, um ihn dann korrekt zu entsorgen.

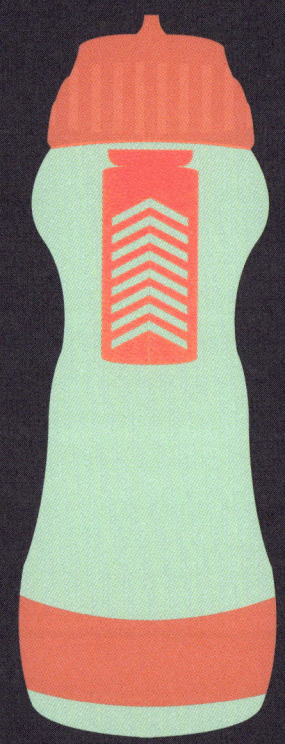

**EINE EINZIGE
FILTERFLASCHE ENTSPRICHT
2000 50-CL-PLASTIKFLASCHEN**

AUF DER REISE

EINE UNTERKUNFT FINDEN

«Aber wo werdet ihr das ganze Jahr über schlafen, habt ihr schon die Hotels reserviert?», fragte mich meine Oma vor unserer Abreise. Nein, Oma, wenn man für eine lange Zeit auf Reisen geht, ist es fast unmöglich, alle Unterkünfte vorab zu reservieren.

Offen gesagt haben wir die Übernachtung nur in zwei Fällen vorab reserviert:
– Wenn wir in eine grosse Stadt kamen (Pi mal Daumen über zwei Millionen Einwohner), versuchten wir in der Regel, eine Nacht zu reservieren oder zumindest im Vorfeld herauszufinden, wo sich das Backpacker-Viertel befand.
– Wenn wir mitten in der Nacht ankamen (zum Beispiel mit einem Flugzeug oder einem Nachtbus). Es ist klüger zu reservieren, um sicherzugehen, dass man nicht in einem Dorf endet, in dem alle Gästehäuser geschlossen sind.

Ansonsten haben wir immer am selben Tag eine Unterkunft gefunden, indem wir mit einer bestimmten Preisvorstellung im Kopf von Tür zu Tür gelaufen sind.

DAS RITUAL
An der Rezeption fragt man zunächst, ob noch Zimmer frei sind und wie viel diese pro Nacht kosten. Zögert nicht, um eine Besichtigung des Zimmers zu bitten, bevor ihr euch entscheidet.

ÜBER DEN PREIS VERHANDELN
Das hängt von der Unterkunft ab, aber generell kostet es nichts, zu fragen, ob man einen Rabatt bekommt, wenn man mehrere Nächte bleibt.

Ein weiterer guter Tipp, um den Preis zu senken, ist, um ein Zimmer ohne Klimaanlage zu bitten, wenn es eines gibt. In heissen Ländern sind die Kosten für die Klimaanlage nämlich eine grosse Belastung für die Hotelbesitzer. Wenn man auf die Klimaanlage verzichtet, kann man bis zu 20 % des Preises pro Nacht sparen (der Hotelleiter wird euch dann vermutlich die Fernbedienung wegnehmen).

UNTERKUNFTSARTEN AUF DER REISE

HOTELS: Nur Privatzimmer mit Bad und normalerweise guter Ausstattung (Handtücher, Duschgel). Es sind generell die teuersten Unterkünfte.

JUGENDHERBERGEN: Diese Unterkünfte, auch Backpacker oder Hostel genannt, sind oft recht modern und haben Privatzimmer sowie Schlafsäle. Normalerweise gibt es WLAN und eine Gemeinschaftsküche.

GÄSTEHÄUSER ODER PENSIONEN: Etwa wie Hotels, aber eine billigere Variante. Hier befindet man sich meist in kleineren Häusern, die von einer Familie geführt werden, mit einfachen Zimmern und eigenem oder Gemeinschaftsbad.

HOMESTAYS: Es gibt immer mehr dieser Gästezimmer bei Privatleuten. Manchmal ist die Grenze zu einer Pension fliessend, denn die Gäste sind separat untergebracht. Doch in der Regel werden alle Gemeinschaftsräume mit der Familie geteilt.

RELIGIÖSE GEBÄUDE: In Asien hat man nicht selten die Gelegenheit, in einem Tempel oder einem Kloster zu übernachten. Die Preise sind oft spottbillig, aber der Komfort eher spartanisch.

CAMPING: Eine gute Lösung für billige Übernachtungen. Populärer auf dem amerikanischen Kontinent, wo man Campingplätze eigentlich überall findet.

COUCHSURFING: Hierbei handelt es sich um ein Onlinenetzwerk, das euch mit Menschen verbindet, die bereit sind, euch kostenlos bei sich schlafen zu lassen. Abgesehen davon, dass man kostenlos übernachten kann, kann man neue Leute kennenlernen und sich mit ihnen austauschen.

WWOOFING: Das wird auch über das Internet organisiert. WWOOFing ist ein ganzes Netzwerk aus Bio-Bauernhöfen, die den Reisenden Kost und Logis bieten im Austausch für ihre Mithilfe bei den alltäglichen Arbeiten im Landwirtschaftsbetrieb.

HAUSTAUSCH: Eine neue Art des Reisens ist der Haustausch mit Unbekannten. Audrey und Fabien sind so mit ihren drei Kindern durch die Welt gereist. Das Interview mit ihnen findet ihr auf S. 172.

AM FLUGHAFEN SCHLAFEN

Als wir das erste Mal eine Nacht an einem Flughafen verbrachten, war das nicht ganz freiwillig. Wir befanden uns im Transitbereich und warteten auf den nächsten Flug, durften aber den internationalen Bereich nicht verlassen. Danach wurde das Schlafen an Flughäfen zu einem kleinen Ritual. Auch wenn wir theoretisch in der Nähe ein Hotel hätten finden können, zogen wir es oft vor, die Nacht auf den Sitzbänken des Flughafens zu verbringen.

✈ **ABFLUG**

15:30	LIMA	A12
15:40	NEW YORK	A25
15:45	MOSKAU	B18
16:00	MADRID	C36
16:30	PARIS	B30
16:50	AMSTERDAM	A28
16:55	BERLIN	C17
17:00	TORONTO	B24

AM FLUGHAFEN SCHLAFEN, DIE VORTEILE

– Die Hotels in der Nähe der Flughäfen sind oft teuer im Vergleich zu den Hotels im Stadtzentrum.
– Wenn der Flug sehr früh am Morgen geht, kann man, wenn man am Flughafen schläft, am Vorabend mit den öffentlichen Transportmitteln hinfahren und so den manchmal höheren Preis für ein Taxi sparen.
– Flughäfen sind in der Regel sehr sichere Orte mit permanenter Sicherheitsüberwachung.
– Die Infrastruktur ist oft besser als in billigen Gästehäusern (WC, Duschen, WLAN).

DIESE REGELN SOLLTET IHR BEACHTEN

- Informiert euch vorab über den Flughafen. Es kommt zwar selten vor, doch manche Flughäfen (vor allem die kleineren) können nachts geschlossen sein. Manchmal ist auch nur der Terminal für Inlandflüge geschlossen, daher solltet ihr euch über den Terminal für internationale Flüge informieren.
- Ein Flughafen ist ein Durchgangsort und kein Hotel. Es ist durchaus in Ordnung, dort eine Nacht vor dem Flug am nächsten Tag zu verbringen, aber man sollte nicht für drei Tage am Stück dort einziehen.

RATSCHLÄGE FÜR EINEN GUTEN NACHTSCHLAF

- Zieht euch warm an! Auf Flughäfen ist die Klimaanlage für gewöhnlich voll aufgedreht.
- Die besten Plätze sind normalerweise die Sitze ohne Armlehnen. Ihr könnt ruhig ein bisschen im Flughafen herumspazieren, um einen guten Platz zu finden, selbst wenn ihr dafür den Terminal verlassen müsst.
- Versucht einen relativ ruhigen Ort zu finden, aber aus Sicherheitsgründen sollte dennoch auch ein bisschen was los sein. Wenn ihr allein reist, solltet ihr versuchen, euch in die Nähe von anderen Reisenden zu legen, die ebenfalls die Nacht am Flughafen verbringen.

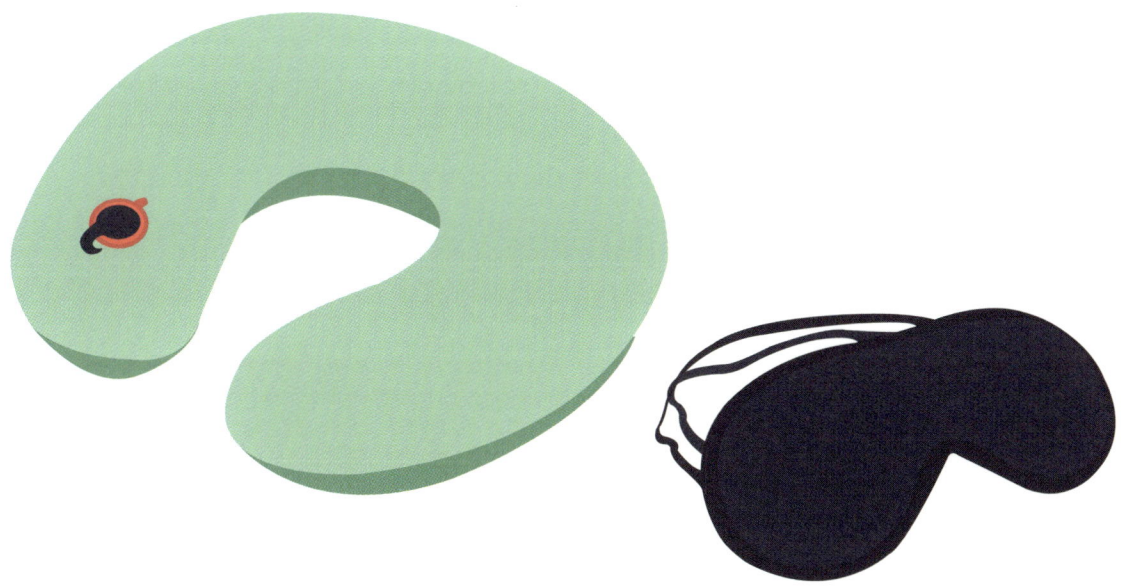

DAS GEPÄCK FÜR DIE NACHT SICHERN

In der Regel ist ein Flughafen ein sicherer Ort, aber das ist kein Grund, seine Sachen herumliegen zu lassen und zu riskieren, dass ein Handy, Geld oder ein Computer geklaut wird. Unser Rat: Steckt eure ganzen Wertgegenstände in einen kleinen Rucksack und tragt diesen vor eurem Bauch oder unter eurem Kopf. Den grossen Rucksack solltet ihr mit der Regenschutzhülle schützen und eure Füsse darauf legen oder noch besser: mit dem Bein in die Trageschlaufen schlüpfen.

NÜTZLICHE QUELLE

www.sleepinginairports.net ist eine äusserst nützliche Website für Reisende, die an einem Flughafen nächtigen wollen. Dort findet man alle praktischen Informationen über Öffnungszeiten, Infrastruktur, WLAN-Codes, aber auch Meinungen von Reisenden über die besten Übernachtungsplätze.

STREETFOOD

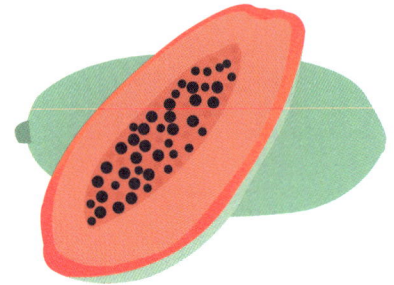

In Europa beschränkt sich die Definition von Streetfood allzu oft auf ein Sandwich oder einen Kebab am Bahnhof, bevor man in den Zug steigt. In vielen Regionen der Welt kann man hingegen die gesamte kulinarische Bandbreite des Landes auf der Strasse finden.

In einigen Ländern wie Thailand oder Laos ist Streetfood fester Bestandteil der Esskultur. Es wird wärmstens empfohlen, es auszuprobieren. Auf der Strasse zu essen ist oft eine günstige Alternative und entgegen der landläufigen Meinung ist das Risiko für unseren Magen nicht unbedingt grösser.

AUF DER STRASSE ESSEN, DIE VORTEILE

- 100 % lokale Küche. Bestellt ein Gericht bei einem Strassenhändler, der sich ausserhalb der typischen Touristenorte befindet. Dann habt ihr die Garantie, dass ihr Gerichte probieren werdet, wie sie traditionell im Land zubereitet werden, und nicht eine verwestlichte Version, wie ihr sie in den konventionellen Restaurants findet.
- Die Frische der Lebensmittel! In 99 % der Fälle haben die Stände keinen Kühlschrank und einen grossen Absatz. Die Lebensmittel stammen meistens direkt vom Markt.
- Ihr verbringt Zeit mit den Einheimischen: Die Essenszeit ist ein fantastischer Moment, um sich mit Unbekannten auszutauschen. Beim Essen auf kleinen Plastikstühlen auf dem Gehweg trifft man manchmal die erstaunlichsten Leute.
- Der Preis. Vor allem auf der Strasse findet man meist ein unschlagbares Preis-Leistungs-Verhältnis.

WELCHE VORSICHTSMASSNAHMEN IHR TREFFEN SOLLTET

- Entscheidet euch für Stände, an denen die Einheimischen essen.
- Lasst im Zweifelsfall eine Person vor euch bestellen und beobachtet sie. Das kann auch die eigene Bestellung erleichtern, weil ihr so mit einfachen Gesten andeuten könnt, dass ihr das Gleiche möchtet.
- In heissen Ländern solltet ihr Gerichte mit frischem Fleisch und Eiern vermeiden, vor allem, wenn Letztere roh und ausserhalb eines Kühlschranks gelagert werden. Doch eines sei gesagt: Ein wegen Stress angespannter Magen verdaut schlechter als ein entspannter Magen, der neugierig ist auf neue Geschmäcker.

DIE 10 GEBOTE
DES STILLEN
ÖRTCHENS

DU SOLLST DEINE EIGENE ROLLE KLOPAPIER MITFÜHREN

Es gibt wenige öffentliche Toiletten oder sogar Gästehäuser, die Klopapier bereitstellen. Daher solltet ihr dafür sorgen, dass ihr immer welches im Rucksack dabeihabt.

DU SOLLST DAS KLOPAPIER IN DEN MÜLLEIMER WERFEN

Am Anfang ist man etwas überrascht darüber, doch man gewöhnt sich schnell daran. In Asien und Südamerika verstopft die Kanalisation leicht, daher entsorgt man das Klopapier in einen kleinen Eimer neben der Toilette. Dieser Handgriff ist für uns so selbstverständlich geworden, dass wir uns nach unserer Rückkehr dabei ertappten, wie wir es zu Hause genauso taten!

DU SOLLST EINE KLEINE TASSE VERWENDEN

Noch eine lustige Situation für Neulinge. Man hat sein kleines Geschäft erledigt und sucht automatisch nach der Spülung – umsonst. An deren Stelle seht ihr nur eine grosse Wasserschüssel und ein leeres Gefäss danebenstehen. An Glückstagen handelt es sich bei dem Gefäss um einen Eimer und dann geht der Prozess recht schnell. Doch manchmal steht da nur eine kleine Plastiktasse. Das dauert länger, doch es funktioniert auch!

DU SOLLST DEINE BEWEGLICHKEIT TRAINIEREN

In vielen Ländern besteht die Toilette nur aus einem einfachen Loch… also ab in die Sporthalle und Kniebeugen trainieren! (Ich verspreche euch, dass ihr es mir danken werdet.)

DU SOLLST DICH AUF DER TOILETTE DUSCHEN

In Asien haben die Bäder oft keine Badewanne oder Duschkabine. Man stellt sich also über die Toilette und duscht direkt auf dem Boden. Im Allgemeinen dient ein Loch in den Bodenfliesen als Wasserabfluss.

DU SOLLST SCHUHE TRAGEN

Aaah, dieses Gefühl der kalten Fliesen, wenn man mitten in der Nacht aufsteht, um auf die Toilette zu gehen... wenn ihr euch also für Gästehäuser der unteren Preisklasse entscheidet, empfehlen wir euch ganz klar, dass ihr ein paar Schuhe am Fussende deponiert. Da die Toilette normalerweise auch als Dusche dient, kommt man sonst mit nassen Füssen wieder raus.

DU SOLLST DEINEN GERUCHSSINN VERGESSEN

Öffentliche Toiletten sind nie eine grosse Freude, doch glaubt mir, in manchen Ländern steckt die Kanalisation noch in den Kinderschuhen und das Geruchserlebnis nimmt unbekannte Dimensionen an. Ich würden euch gerne erzählen, dass wir uns daran gewöhnt haben... immerhin haben wir unsere Fähigkeit trainiert, die Luft lange anzuhalten!

DU SOLLST EINEN PLAN B HABEN

Im Lauf der Reise wird man weniger empfindlich und die Toleranzschwelle steigt. Doch manchmal gibt es Situationen, in denen es einfach unmöglich ist. In diesen Fällen nimmt man all seinen Mut zusammen (und seine Klopapierrolle) und erforscht lieber die Natur.

IN CHINA SOLLST DU DEINE PRIVATSPHÄRE VERGESSEN

Oft findet man öffentliche Toiletten in Form von Einzelkabinen... doch manchmal handelt es sich auch um eine einfache Rinne, über die sich alle in Reih und Glied nebeneinanderhocken. In diesen Fällen denkt man zweimal nach und entscheidet sich doch lieber für den besagten Plan B.

DU SOLLST MONTEZUMA ANBETEN

Ich glaube, ich brauche euch hier keine Zeichnung zu machen. Ihr könnt euch bestimmt vorstellen, dass es manchmal schon kompliziert genug ist, wenn man gesund ist ... das Beste ist einfach, die Daumen zu drücken und zu hoffen, dass man keinen Reisedurchfall bekommt!

DAS GELD IM ALLTAG VERWALTEN

Im Urlaub neigt man schnell dazu, die genauen Zahlen zu ignorieren und sich von Abenteuern leiten zu lassen, indem man versucht, seine Aktivitäten an das theoretische Budget anzupassen. Bei einem zehntägigen Urlaub ist es nicht so schwierig, zusätzliche Ausgaben von 20 Euro pro Tag wieder hereinzuholen, wenn man zurück bei der Arbeit ist.

Für viele Backpacker, die längere Zeit unterwegs sind, ist die Lage anders. Ein Jahr lang 20 Euro mehr pro Tag summiert sich zu 7000 Euro Differenz im endgültigen Budget! Damit man nicht mitten auf der Reise von seinem Banker angerufen wird, sollte man doch besser regelmässig Buch führen.

BUCH FÜHREN, VERSCHIEDENE METHODEN

BUCHFÜHRUNG NACH GUTER ALTER ART
WER: Für all jene, die lieber mit der Hand Notizen machen (unter anderem wir!).
WOMIT: Mit einem Heft, einem Stift und eventuell einer Excel-Datei.
WIE: In das kleine Heft trägt man täglich alle Ausgaben in der Landeswährung ein. Dann überträgt man das Ganze in eine Excel-Datei, addiert alles und vergleicht die Summe mit dem vorher festgelegten Budget.

DER MODERNE FINANZANALYST
WER: Der digitale Reisende.
WOMIT: Mit einem Smartphone, einer App.
WIE: Es gibt Apps, mit denen man alle Reisekosten notieren und analysieren kann (Budgi ist ein gutes Beispiel). Man trägt manuell die täglichen Ausgaben in der Landeswährung ein. Die App wandelt die Beträge in die heimische Währung um und kreiert automatisch zusammenfassende Grafiken pro Ausgabenposten (Essen, Unterkunft usw.) und Land.

DIE AUSGABEN HANDGELENK MAL PI VERWALTEN

WER: Der spontane Reisende.

WOMIT: Nichts, ausser vielleicht mit einer sporadischen Internetverbindung zum Bankkonto.

WIE: Man führt nicht detailliert Buch, sondern überwacht nur seine allgemeinen Ausgaben. Der Reisende notiert seine Abhebungen und schätzt grob, ob das mit dem vorgesehenen Budget zusammenpasst.

SEIN GLEICHGEWICHT FINDEN

Unter uns beiden war eindeutig ich diejenige, die ein grösseres Bedürfnis hatte, unsere Finanzen zu kontrollieren. Es gab mir Sicherheit, zu wissen, wie es um unsere finanzielle Situation steht. Das war eine Art der Kontrolle über diese Reise, bei der so viel dem Zufall überlassen war.

DIE BUCHHALTUNG ERLEICHTERT VERÄNDERUNGEN

Zu Beginn unserer Reise hatten wir vor, zwölf Monate mit einem festgelegten Gesamtbudget unterwegs zu sein. Nach sieben Reisemonaten hatten wir beide Lust, noch mehr zu sehen, das Abenteuer zu verlängern.

Unterwegs entschieden wir also, dass wir Australien auslassen würden. Wir hatten 3000 Euro und 28 Tage im Land der Kängurus vorgesehen. Genau diese 3000 Euro haben wir dann in drei Monaten in Ecuador ausgegeben, inklusive zwei Monaten Spanisch-Intensivsprachkurs in Quito.

Doch aufgeschoben ist nicht aufgehoben. Australien wird kommen! Da wir Buch geführt hatten, konnten wir unseren Plan so verändern und die Reise um über zwei Monate verlängern, ohne unser Budget um auch nur einen Cent zu verändern.

NACHTBUSSE UND NACHTZÜGE

Das ist etwas, das wir vor unserer Weltreise noch nie gemacht hatten und das, als wir dann unterwegs waren, zu einem wahren Ritual wurde. In vielen Ländern wird man schnell feststellen, dass man zwischen den Städten grosse Entfernungen zurücklegen muss. Da die Kosten für einen Inlandflug oft viel höher sind, wird man sich schnell für die Lösung entscheiden, die auch von den Einheimischen und den meisten Backpackern bevorzugt wird: Nachtzüge und -busse.

DIE VORTEILE
- Man spart eine Hotelübernachtung.
- Man wacht am nächsten Tag (fast erholt) an einem neuen Ort auf.
- Man macht oft tolle Bekanntschaften.

RATSCHLÄGE FÜR EINE GUTE REISE
BEI DER RESERVIERUNG
- Wenn ihr in einer Gruppe reist, solltet ihr versuchen, Plätze nebeneinander zu reservieren.
- Vermeidet wenn möglich die hintersten Plätze des Busses. Hier spürt man die Stösse der Strasse oft am stärksten und hierhin begeben sich auch alle Leute, um die Toilette zu benutzen.
- Informiert euch über den Ruf der Busgesellschaft und die Infrastruktur des Busses. Sowohl in Asien als auch in Südamerika findet man alles: alte Busse mit Holzbänken ohne Klimaanlage bis hin zu riesigen ultramodernen Reisebussen mit Sitzen, die sich in Betten umwandeln lassen… Steckdosen, Verpflegung, WC und WLAN inklusive.

VOR DEM BESTEIGEN DES BUSSES ODER ZUGES
- Begebt euch immer mindestens 20 Minuten vor der Abfahrt zum Bus.
- Nehmt die Wertgegenstände (Computer, Kamera, Bargeld und Reisepass) aus eurem Rucksack und bewahrt sie in einer kleinen Tasche an Bord auf.
- Wenn der Bus klimatisiert ist, solltet ihr einen Pulli oder eine Jacke mit an Bord nehmen.
- Schützt euren Rucksack mit einer Schutzhülle, bevor ihr ihn ins Gepäckfach des Zuges bzw. des Busses legt.

IM BUS
- Legt eure Wertgegenstände nie in das Fach über eurem Kopf. Idealerweise solltet ihr euren Rucksack auf eurem Schoss aufbewahren oder, wenn ihr ihn auf dem Boden abstellt, euch vergewissern, dass ihr den Trageriemen um euren Fuss wickelt, für den Fall, dass der Rucksack sich selbstständig machen sollte.
- Vergesst sofort euren Instinkt, der euch ab und zu antreiben wird, auf die Strasse zu schauen und den manchmal sportlichen Fahrstil des Fahrers zu analysieren. Vertraut ihm (ihr habt ohnehin keine Wahl).

Unsere längste Zugreise:

22 Stunden

von Kunming nach Guilin in China

Unsere längste Busreise:

33 Stunden

zwischen Bariloche (Argentinien) und Puerto Natales (Chile)

Anzahl der Nächte, die wir auf unserer Reise in Bussen oder Zügen verbracht haben:

33 Nächte

KLEINE DINGE, DIE ZU EINEM ERHOLSAMEN SCHLAF BEITRAGEN

- Eine Augenmaske und Ohropax
- Ein kleines aufblasbares Nackenkissen (ein Schal oder eine zusammengefaltete Jacke können den Zweck ebenso erfüllen)
- Ein paar Snacks und eine Wasserflasche
- Ein gutes Buch

AUTOSTOPP

Bevor wir auf Weltreise gingen, waren wir noch nie per Anhalter unterwegs gewesen… wir waren also sicher keine Profis! Im Lauf der Monate haben wir gelernt, unsere eigenen Strategien zu entwickeln und auch verstanden, dass das Reisen per Anhalter nicht unbedingt in allen Ländern funktioniert.

38 % der Tramper warten auf eine Mitfahrgelegenheit bis zu

10 Min.

Durchschnittliches Alter von Trampern:

24 Jahre

Anteil an Tramperinnen:

37 %

WARUM PER AUTOSTOPP?

Beim Wort «Trampen» denkt man oft, dass es eine Möglichkeit ist, um kostenlos von Punkt A nach Punkt B zu gelangen. Und ja, die Fahrt ist das Ziel. Doch per Anhalter unterwegs zu sein ist auch eine Möglichkeit, um Leute im jeweiligen Land kennenzulernen. Wenn man trampt, ist man offen für Gespräche, für Austausch, für Entdeckungen und eine schöne Zeit mit einem Unbekannten.

IN WELCHEN LÄNDERN PER ANHALTER REISEN?

Bevor man den Daumen nach oben streckt, sollte man sich gut über die Gesetze des jeweiligen Landes informieren. In einigen Ländern ist das Trampen legal und weit verbreitet. In anderen hingegen gibt es Einschränkungen (zum Beispiel Trampverbot auf den Rastplätzen von Autobahnen). Und schliesslich gibt es Länder, wo diese Art der Fortbewegung schlicht verboten ist und man eine Busse riskieren würde.
Auch wenn das Trampen in den meisten Ländern kostenlos ist, sollte man wissen, dass es einige Länder gibt, wie Bolivien, die Türkei oder China, wo es sehr wahrscheinlich ist, dass euer Fahrer um einen gewissen Geldbetrag bittet. Er will euch nicht übers Ohr hauen, sondern so ist es in diesen Ländern nun einmal üblich.

REGELN UNTER TRAMPERN

Wenn ihr an eine Stelle kommt, wo bereits andere trampen, gibt es einige stillschweigende Regeln, die ihr respektieren solltet:
– Stellt euch hinter die Person, die zuerst vor euch an der Strasse da war.
– Stellt euch nicht direkt neben die bereits anwesenden Tramper, sondern ein paar Hundert Meter weiter.
– Begrüsst die Person und wünscht ihr viel Glück.

SICHERHEITSREGELN, DIE IHR BEACHTEN SOLLTET

Der beste Verbündete beim Trampen ist euer Instinkt! Vertraut und hört auf ihn. Egal, ob ihr schon seit Stunden wartet, wenn ihr ein schlechtes Gefühl bei einem Fahrer habt, steigt nicht ein. Und wenn ihr bei der Fahrt plötzlich ein ungutes Gefühl bekommt, solltet ihr unter einem Vorwand eine Planänderung vorgeben und den Fahrer bitten, anzuhalten und euch aussteigen zu lassen.

WIE ERHÖHE ICH DIE WAHRSCHEINLICHKEIT, DASS ICH BEIM TRAMPEN MITGENOMMEN WERDE?

IHR UND EUER ERSCHEINUNGSBILD MACHEN DEN UNTERSCHIED

- Bemüht euch um ordentliche Kleidung und gepflegte Frisur! Ein adretter, ansprechender Mensch erweckt weit mehr Vertrauen als jemand, der aussieht, als sei er gerade aus dem Bett gefallen.
- Lächelt und stellt Augenkontakt mit dem Fahrer her.
- Versucht nicht, euren Rucksack zu verstecken, im Gegenteil, euer Reisegepäck wird sicherlich oft ein Element sein, das euch interessant macht und erklärt, warum ihr euch an jenem Ort befindet. Man hat uns mehrmals bestätigt, dass all unsere auf den Rucksack genähten Flaggen neugierig machten und die Leute deshalb herausfinden wollten, wer wir sind.

EINE GUTE STELLE FINDEN

- Stellt euch an ein gerades Strassenstück. Idealerweise an eine Stelle, wo der Fahrer euch schon aus der Ferne sehen kann (lasst ihm Zeit zum Nachdenken).
- Stellt euch an einen Ort, an dem der Fahrer gut anhalten kann! Direkt an der Ausfahrt eines Kreisverkehrs ist keine gute Idee, geht 100 Meter weiter.
- Begebt euch an den Stadtrand! Versucht euch an einen Ort zu stellen, an dem es eher wahrscheinlich ist, dass ein Auto in Richtung eures Reiseziels fährt.

DAS SCHILD: SEID KREATIV UND CLEVER

Oft ist es gut, wenn ihr ein Schild habt, damit der Fahrer weiss, wohin ihr wollt. Dennoch sollte es nicht abschrecken.

- Schreibt euer Endziel darauf, aber auch andere Städte als Zwischenziele. Ein Ziel, das zu weit entfernt ist, wird einen Fahrer abschrecken, der euch vielleicht zig oder sogar Hunderte von Kilometern in die richtige Richtung mitgenommen hätte.
- Gestaltet das Schild mit Humor. Ein Smiley, ein Spruch, kurz – seid sympatisch.

MEHR INFORMATIONEN

Wenn euch die Welt des Trampens reizt und interessiert, empfehlen wir euch das fantastische Buch von Ludovic Hubler, *Le monde en stop*.
Auf S. 180 in diesem Buch findet ihr ein Porträt des Reisenden, der in fünf Jahren allein mit Trampen durch die Welt gereist ist.

WÄSCHE WASCHEN

Eine Reise ist wie ein Intermezzo im Leben, bei dem die meisten alltäglichen Pflichten verschwinden: kein Putzen mehr, kein Wocheneinkauf mehr, keine oder wenig Essenszubereitung... doch wenn es noch eine gibt, die euch bis ans Ende der Welt verfolgen wird, dann ist es die Pflicht des Waschens (wir gehen mal davon aus, dass ihr vorhabt, eure Wäsche im Lauf einer langen Reise zu waschen).

Wenn man unterwegs ist, gibt es im Prinzip drei Möglichkeiten. Jede hat ihre Vor- und Nachteile. Ein kleiner Überblick.

IN DIE REINIGUNG GEBEN

Perfekt für Faulpelze! In den meisten Ländern (und vor allem in Stadtvierteln, wo viele Backpacker unterwegs sind) findet man an jeder Strassenecke einen Wäscheservice. Dieser Service wird oft direkt im Gästehaus, bei einem Moped-Verleih oder in einer Bäckerei angeboten. Der Preis wird meist pro Kilo Dreckwäsche gerechnet und liegt zwischen 1 und 2 Euro, je nach Land.

VORTEILE

– Meist ist es praktisch und schnell. Man gibt die Wäsche ab, wiegt sie, zahlt und kommt nach 24 Stunden wieder, um sie abzuholen.
– Man verliert keine Zeit mit Waschen und kann sie stattdessen dafür nutzen, sich die Region anzuschauen.
– Mit diesem Service können sich die kleinen Händler etwas dazuverdienen, um besser über die Runden zu kommen.

NACHTEILE

– Manchmal holt man die Kleidung ab und es fehlt eine Socke. Allerdings passiert das auch zu Hause ... diese verfluchten Socken!
– Die «Qualität» der Wäsche ist eher vom Zufall abhängig. Manchmal riecht sie gut, manchmal ist sie gefaltet und sogar gebügelt und manchmal... ist sie mehr oder weniger sauber und wird einem lose in einer Plastiktüte übergeben.

UND WIR? Diese Methode haben wir am meisten in Anspruch genommen! Angesichts der Anzahl unserer mitreisenden Kleidungsstücke war das wöchentliche Budget für diesen kleinen Luxus vertretbar.

HANDWÄSCHE IN DER DUSCHE

Das ist zu 100 % die Lösung für Abenteurer: Flüssigwaschmittel oder ein Stück Seife, eine Dusche und Muskelkraft.

VORTEILE
- Es ist billig.
- Man kann es fast überall erledigen.

NACHTEILE
- Es dauert.
- Manchmal muss man ziemlich kreativ werden, um seine Wäsche im Zimmer aufzuhängen.
- Wenn das Klima feucht ist, ist das Trocknen der Wäsche schon eine Meisterleistung!

UND WIR? Da es die billigste Lösung ist, waren wir mit gutem Willen an die Sache herangegangen... doch ich verrate euch ein Geheimnis: Wir haben unsere Wäsche genau zwei Mal von Hand gewaschen!

IM WASCHSALON

Wie im Film! Ihr wisst schon, diese grossen Waschsalons mit einem Dutzend Waschmaschinen und lesenden Kunden, die auf das Ende des Waschprogramms warten. Diese Waschsalons sind nicht sehr verbreitet in Europa, aber man findet sie in fast allen Grossstädten und allem Anschein zum Trotz sind sie sehr praktisch.

VORTEILE
- Man riecht das Waschmittel aus der Kleidung heraus.
- Es ist einfach und billig.
- Es ist eine gute Gelegenheit, um Leute kennenzulernen.

NACHTEILE
- Es ist möglich, eine einzelne Portion Waschpulver zu kaufen, aber manchmal muss man eine ganze Packung nehmen. Und schon ist man dabei, eine Extraportion Waschmittel im sowieso schon ziemlich schweren Rucksack herumzutragen.
- Ein Waschgang plus Trocknen dauert mindestens zweieinhalb Stunden... man sollte also auf jeden Fall ein gutes Buch dabei haben.

UND WIR? Für uns war diese Lösung ein guter Kompromiss in Ländern oder Städten, in denen der Reinigungsservice zu teuer war.

EIGENSTÄNDIG EINEN TREKK ORGANISIEREN

Eine lange Reise ist immer auch eine Gelegenheit, um über sich selbst hinauszuwachsen und welch bessere Möglichkeit gibt es, als auf eine Trekkingtour zu gehen? Klar hatten wir vor unserer Reise bereits Tageswanderungen unternommen, aber wir hätten uns nie vorstellen können, dass wir mit unserem eigenen Zelt auf dem Rücken und allen Essensvorräten im Rucksack für mehrere Tage losziehen würden.

Südamerika, vor allem Patagonien, ist das ideale Spielfeld, um Übung zu bekommen und eigenständig Wanderungen durchzuführen.

WELCHE VORSICHTSMASSNAHMEN IHR TREFFEN SOLLTET

– Informiert euch vor dem Wagnis gut über den Weg und den Schwierigkeitsgrad des Trekks (Höhenunterschied, Höhe, Entfernungen, Temperaturen in der Nacht).
– Informiert euch vor allem bezüglich Wasserstellen entlang des Wegs, damit ihr entscheiden könnt, wie viele Liter ihr mitnehmen müsst.
– Wählt einen Weg, der euren Fähigkeiten entspricht. Es ist besser, klein anzufangen und nach und nach das Niveau zu steigern, als sich unnötig in Gefahr zu bringen.
– Respektiert immer die örtlichen Bestimmungen. In manchen Parks ist man dazu verpflichtet, mit Führer zu reisen, es ist also angeraten, nicht gegen diese Regel zu verstossen.

DIE AUSRÜSTUNG

Um gut laufen zu können, sollte das Gewicht des Rucksacks nie über 15 % des eigenen Körpergewichts ausmachen. Wenn man ein schweres Gewicht trägt und davon ausgeht, dass man grosse Distanzen zurücklegen wird, sollte man unbedingt gute Wanderschuhe tragen. Auch Wanderstöcke sind eine wertvolle Hilfe, um die Last zu verteilen.

WAS SOLLEN WIR ESSEN?

Die Essenszubereitung ist kein Pappenstiel, denn man muss gleichzeitig dafür sorgen, dass man genügend Energie bekommt, aber auch das Gewicht auf dem Rucksack minimiert.

- Ihr solltet eher Lebensmittel mitnehmen, die ein gutes Verhältnis zwischen Gewicht und Kalorien aufweisen. Also raus mit dem Obst und Gemüse.
- Um den Verbrauch von Benzin oder Gas zu reduzieren, solltet ihr Lebensmittel mitnehmen, die schnell gar sind. Wenn man Pasta zwölf Minuten lang auf dem Kocher kocht, verbraucht das sehr viel Brennstoff. Da ist es ratsamer, Lebensmittel wie Couscous mitzunehmen, für den ihr das Wasser nur einmal zum Kochen bringen müsst.
- Nehmt viele kalorienreiche Snacks für die Pausen mit.
- Vermeidet Lebensmittel in schweren Verpackungen wie zum Beispiel Konservendosen. Denn selbst wenn sie leer sind, werdet ihr diese weiter tragen müssen.

DEN RICHTIGEN ORT FÜR EIN BIWAK FINDEN

Die Wahl eines guten Übernachtungsplatzes kann eine Weile dauern. Hier sind einige Kriterien, auf die ihr achten solltet:
- Campt nicht in der Nähe von Tierherden.
- Ihr solltet euer Zelt auch nicht in der Nähe einer Berghütte aufschlagen, ausser wenn ihr die Erlaubnis des Hüttenwarts eingeholt habt.
- Sucht nach einer ebenen Fläche, deren Boden nicht zu porös ist. Das heisst, ihr solltet Senken vermeiden, in denen sich Wasser sammeln könnte, falls es anfangen sollte zu regnen.
- Haltet Abstand von Wasserläufen. Dadurch seid ihr in Sicherheit, falls das Wasser plötzlich stark ansteigen sollte, und so stört ihr auch nicht die Tiere, die zum Trinken ans Wasser kommen.
- Campt nie unter einer Felswand, von der sich Felsbrocken lösen könnten.

EIN FAHRZEUG MIETEN

Auf einer Reise ist man oft mit öffentlichen Verkehrsmitteln unterwegs oder man geht einfach zu Fuss. Doch manchmal mieten Reisende ein Fahrzeug, damit sie selbst weite Strecken zurücklegen können.

Ein Moped in Laos? Ein Auto in Argentinien? Ein Quad, um die Osterinsel zu entdecken? Oder gar ein Fahrrad, um die Tempel in Angkor zu erkunden? Hier findet ihr ein paar Ratschläge, damit ihr eure Spritztour voll geniessen könnt.

VOR DER FAHRT

ACHTET DARAUF, NICHT GEGEN GESETZE ZU VERSTOSSEN

Die Gesetze sind in jedem Land unterschiedlich, also vergewissert euch, dass ihr das gewünschte Fahrzeug fahren dürft. Es ist nicht so, dass ihr automatisch eine Fahrerlaubnis habt, weil ein Vermieter euch nicht danach fragt (das ist oft der Fall bei der Miete eines Mopeds in Asien). Ohne gültigen Führerschein geht ihr ein grosses Risiko ein. Ausser der Tatsache, dass ihr im Fall einer Kontrolle eine Busse riskiert, kann es ebenso sein, dass eure Versicherung bei einem Unfall nicht für den Schaden aufkommen wird. In manchen Fällen müsst ihr unbedingt einen internationalen Führerschein vorweisen. Denkt vor eurer Abreise daran.

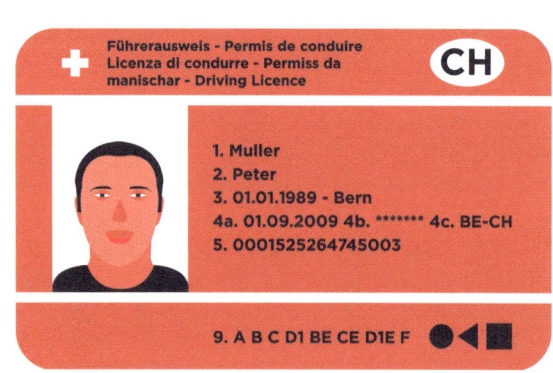

FAHRT AUSSCHLIESSLICH FAHRZEUGE, DIE IHR BEHERRSCHT

Oft liest man, dass man in Asien ein Moped mit dem Autofahrausweis mieten kann und dass man die Bedienung recht schnell lernt, wenn man eins mit Automatikgetriebe nimmt. Nebst dem rechtlichen Aspekt solltet ihr euch fragen, ob es wirklich sinnvoll ist, das Fahren eines Zweiradfahrzeugs im Urlaub zu erlernen. Man lernt Moped fahren nicht mit Flipflops an den Füssen auf einer unbefestigten Strasse und mit manchmal etwas vagen Verkehrsregeln. Wenn ihr im Urlaub ein Moped mieten wollt, solltet ihr vorher den Führerschein machen und das Fahren vor der Abreise üben.

DENKT AN DIE ÜBERPRÜFUNG DES FAHRZEUGS

Bei der Übernahme des Fahrzeugs solltet ihr überprüfen, ob alles in Ordnung ist: die Bremsen, die Scheinwerfer, die Hupe usw. Wenn das Fahrzeug Defekte oder Kratzer aufweist, solltet ihr das dem Vermieter melden und Fotos von allen Mängeln machen.

NIE EINEN REISEPASS ALS KAUTION HINTERLEGEN

In Thailand kommt es oft vor, dass man gebeten wird, den Reisepass als Kaution zu hinterlegen. Dies ist nie eine gute Idee. Versucht immer eine Kopie eures Reisepasses dabeizuhaben und bietet eventuell an, eine Kaution in bar dazulassen, jedoch niemals euren wertvollen Reisepass.

TRAGT EINEN HELM!
Wahrscheinlich klinge ich wie eure Mutter und ich entschuldige mich schon einmal dafür, aber glaubt mir: Ihr müsst unbedingt einen Helm tragen.

UNTERWEGS

INFORMIERT EUCH ÜBER DIE ÖRTLICHEN VERKEHRSREGELN

In vielen Ländern werden euch die Verhaltensregeln, die ihr für eure Führerscheinprüfung gelernt habt, zwar nützlich sein, aber es gibt dennoch viele lokale Regeln, die stark von einem Land zum anderen variieren. Je nach Land hat vielleicht nicht derjenige Vorfahrt, der von rechts oder links kommt, sondern derjenige, der als Erster kommt (oder am grössten ist). In Ländern mit Linksverkehr solltet ihr euch Zeit nehmen, um euch an den Verkehr zu gewöhnen und euch bei den ersten Kreuzungen und Kreiseln besonders konzentrieren.

Denkt auch daran, dass in manchen Ländern wie Polen, der Slowakei oder gar in Nepal die Promillegrenze bei 0,0 Promille liegt. In manchen Ländern wie den USA variiert die Promillegrenze je nach Bundesstaat.

DAS HANDELN

Wenn ich in der Schweiz auf dem Markt bei meinem Gemüsehändler einkaufe, ist normalerweise der Preis angeschrieben. Wenn nicht, dann sieht das Gespräch ungefähr so aus:

- Guten Tag, wie viel kosten die Äpfel?
- 4 Franken das Kilo.
- OK, dann nehme ich bitte zwei.
- Das macht dann bitte 8 Franken.

Ich gebe ihm das Geld, bedanke mich und nehme meine Tüte...

Oft vergisst man, dass die Preise anderswo in der Welt nicht fix sind.

Woanders ist das Handeln nicht automatisch ein Sinnbild von schlechten Manieren, sondern ein integraler Bestandteil der lokalen Kultur.

EINIGE REGELN, UM EINEN GUTEN PREIS ZU ERZIELEN

- Stürzt euch nicht auf das Objekt eurer Begierde, betrachtet es aus dem Augenwinkel und tut so, als würdet ihr nur einen Blick darauf werfen. Geht weiter und vergleicht ähnliche Gegenstände. Je länger ihr euch in einem Land aufhaltet, desto leichter wird es euch fallen, eine Vorstellung von den Preisen zu bekommen.

- Kommt zu dem Objekt zurück und beäugt es aus der Ferne. Bevor ihr nach dem Preis fragt, solltet ihr euch einen Preis überlegen, den ihr zu zahlen bereit wärt.

- Lasst den Verkäufer zuerst seinen Preis sagen.

- Behaltet immer ein kleines Lächeln und sagt ihm, dass ihr das zu teuer findet. Nennt dann einen Preis, der unter dem Preis liegt, den ihr bereit seid zu zahlen, aber trotzdem noch fair für den Verkäufer ist.

- Nun beginnt das Psychologiespielchen. Der Verkäufer wird natürlich seine Hände verwerfen und sagen, dass euer Preis zu niedrig ist. Ihr müsst selbst einschätzen, wo sein Minimalverkaufspreis liegt. Wenn ihr mit einem Lächeln im Gesicht verhandelt und dabei zwei oder drei Worte in der Landessprache fallen lasst, ist das normalerweise eine gute Grundlage für einen schönen Austausch mit dem Verkäufer.

- Wenn sich der Verkäufer nicht abbringen lässt, könnt ihr so tun, als ob ihr weggehen würdet. Das kann ein gutes Mittel sein, um nachzuhelfen, damit er euren Preis akzeptiert.

- Wenn ihr euch auf einen Preis einigt, der unter dem Maximalpreis liegt, den ihr euch überlegt hattet, dann ist der Verkauf beschlossene Sache. Lächelt weiterhin, aber zeigt nicht, dass ihr zufrieden seid mit dem erzielten Preis, bleibt neutral.

NACH DEM KAUF

Anschliessend kann es sein, dass ihr die Dinge woanders zu einem niedrigeren Preis findet, vor allem wenn es sich um Nippes handelt. Seid nicht böse auf den Verkäufer, denkt daran, dass das Handeln ein Spiel ist. Und die gute Neuigkeit: Aus Erfahrung wird man klug.

GUTE FOTOS SCHIESSEN

Das Fotografieren ist eine Kunst, die man durch das Ausprobieren lernt, und nichts dient so gut dazu, die Qualität der Aufnahmen zu verbessern, wie eine lange Reise. Wir sind in keinster Weise Profifotografen, aber hier sind ein paar allgemeine Tipps, die wir aus Erfahrung gelernt haben.

DENKT AN DEN VORDERGRUND

Wenn man sich inmitten einer schönen Landschaft befindet, will man oft sofort auf den Auslöser drücken, um alles, was man sieht, zu verewigen. Wir raten euch, immer darauf zu achten, was sich im Vordergrund befindet. Ein zusätzliches Element, ob eine Person, ein Gegenstand, eine Pflanze oder ein Tier, verleiht eurem Bild eine weitere Dimension. Beispiel einer Landschaftsaufnahme, aufgenommen zwischen Bolivien und Chile:

Auf dem ersten Bild haben wir uns offensichtlich auf den Vulkan gestürzt, ohne wirklich an die Tiere zu denken. Das zweite Foto, in dem uns das Alpaka ansieht, ist viel interessanter.

DIE ZWEI-DRITTEL-REGEL

Beim Fotografieren besteht einer der häufigsten Fehler darin, das Motiv in die Mitte des Bildes platzieren zu wollen. In der Regel ist es in Bezug auf die Bildaufteilung interessanter, das Hauptmotiv des Fotos ausserhalb der Mitte zu platzieren. Dies gilt ebenso für Landschaften wie für Porträts oder Sachfotografien. Idealerweise sollte sich der Horizont auf einer Drittellinie der Höhe befinden, das heisst auf zwei Drittel des Fotos befindet sich Erde und auf einem Drittel Himmel oder umgekehrt.

SICH AN DIE MANUELLEN EINSTELLUNGEN HERANWAGEN

Auch wenn eure Kamera einen Automatikmodus hat, braucht ihr nicht glauben, dass er immer an eurer Stelle die richtigen Einstellungen für alle Situationen wählen wird. Es gibt drei Hauptelemente, die eingestellt werden können: die Blende, die Belichtungszeit und die Lichtempfindlichkeit. Wenn ihr euch etwas Zeit nehmt, um zu verstehen, wie diese drei Elemente eure Fotos beeinflussen, könnt ihr den manuellen Modus eurer Kamera in aller Ruhe verwenden. Und ich verspreche euch, dass sich die Mühe lohnt!

IM RHYTHMUS DER SONNE LEBEN

In der Fotografie gibt es den Begriff der «goldenen Stunde». Damit ist die Zeit direkt nach dem Sonnenaufgang bzw. vor dem Sonnenuntergang gemeint. Während dieser Zeit ist das Licht besonders günstig für Landschaftsaufnahmen: Die Farbtöne sind weicher und die Schatten länger.

VERGESST DAS FORMAT JPEG UND NEHMT RAW

Man hatte es uns vor unserer Abreise gesagt, doch wir wollten Speicherplatz sparen und haben auf stur geschaltet. Mit etwas Abstand bedauern wir es ehrlich gesagt bitter, dass wir die fast 17 000 Fotos unserer Reise automatisch von unserer Kamera haben bearbeiten lassen. Denn ja, JPEG ist nichts anderes als ein automatisch von der Kamera bearbeitetes Foto, bei dem ein Grossteil der technischen Informationen im Vergleich zum Negativ verloren geht.

WAGT ETWAS, SETZT EUCH IN BEWEGUNG, PROBIERT DINGE AUS!

Theorie ist gut, aber praktische Erfahrung ist noch besser. Etwas zu wagen, die Perspektive zu verändern und sich mal zu bücken oder auf eine Bank zu klettern, Versuche und Fehler zu machen... das ist ganz klar die beste Schule.

FÜR MEHR INFORMATIONEN

Wenn ihr euch für gute Praxisbeispiele für Reisefotos interessiert, raten wir euch zu dem hervorragenden Buch *Hot Shots* von Kevin Meredith.

AUF REISEN ARBEITEN

Auf einer langen Reise ist es nicht selten, dass Reisende sich entscheiden, ein wenig zu arbeiten, etwa um die Kosten zu reduzieren oder um neue Erfahrungen zu sammeln. Hier eine kleine Liste der Möglichkeiten, die sich Reisenden bieten.

ONLINEARBEIT
Es gibt einige Berufe, für die man nichts weiter benötigt als einen Computer und eine Internetverbindung. Zwar schaffen es manche, einen Teilzeitvertrag bei einem Unternehmen zu ergattern, aber die meisten Reisenden arbeiten als Selbstständige.

BEISPIELE FÜR FÜR BERUFE, DIE MAN ONLINE AUSFÜHREN KANN: Grafiker, Web-Developer, Community Manager / Kundenbetreuer, Onlineredakteur, SEO-Spezialist, Übersetzer usw.

UNTERWEGS SEINE FÄHIGKEITEN ANBIETEN
Doch nicht nur Berufe der Digitalwelt können unterwegs ausgeführt werden. Während unserer Reise haben wir einige Leute getroffen, die ihr Monatseinkommen aufstocken konnten, indem sie ihre Fähigkeiten «vor Ort» einsetzten.
- In einem Hostel in Peru trafen wir eine Coiffeuse, die anderen Reisenden anbot, die Haare zu schneiden.
- Ein argentinisches Künstlerpaar verkaufte selbstgemachte Postkarten und kleine Schmuckstücke.
- Eine zweisprachige Schweizerin fand für einige Monate Arbeit als Englischlehrerin in einem thailändischen Gymnasium.
- Ein französisches Pärchen finanzierte in Indien sein Essen mit der Arbeit als Statisten in Bollywoodfilmen.

GEGEN KOST UND LOGIS ARBEITEN

Intuitiv sagt man sich, dass man Geld verdienen muss, um eine Reise zu finanzieren. Doch anstatt viel zu verdienen, kann man sich auch für die Variante «weniger ausgeben und jeden Tag ein paar Stunden arbeiten» entscheiden.

WWOOF.NET

WWOOF (World Wide Opportunities on Organic Farms) ist ein Netzwerk, das sich auf Biolandwirtschaft spezialisiert hat. Der Reisende verpflichtet sich, gegen Kost und Logis jeden Tag vier bis sechs Stunden im Landwirtschaftsbetrieb mitzuarbeiten. Mehr als 100 Länder gehören dem WWOOF-Netzwerk an und man sollte sich immer direkt beim Verein des gewünschten Landes informieren.

WORKAWAY.INFO ODER HELPX.NET

Das sind die zwei bekanntesten Plattformen mit «allgemeinen» Anzeigen. Die Angebote sind sehr unterschiedlich und werden in der Regel von kleinen Einrichtungen, Vereinigungen, Bauernhöfen oder sogar Familien angeboten. Die gefragten Fähigkeiten erstrecken sich von der Hilfe im Landwirtschaftsbetrieb über Babysitten und Sprach- oder Informatikkurse bis hin zur Haushaltshilfe. Die meisten Stellen sind nicht bezahlt, werden aber mit Kost und Logis entlohnt.

ACHTET AUF DAS VISUM

Wenn man in einem Reiseland auf einem Bauernhof arbeiten oder generell irgendwie Geld verdienen möchte, braucht man ein Arbeitsvisum anstelle eines Touristenvisums. Reisende unter 30 Jahren (35 je nach Reiseziel) mit einem französischen, belgischen oder kanadischen Reisepass können auch ein Work-and-Travel-Visum beantragen.

MÖGLICHE GEFAHREN

DIE GEFAHREN EINER WELTREISE

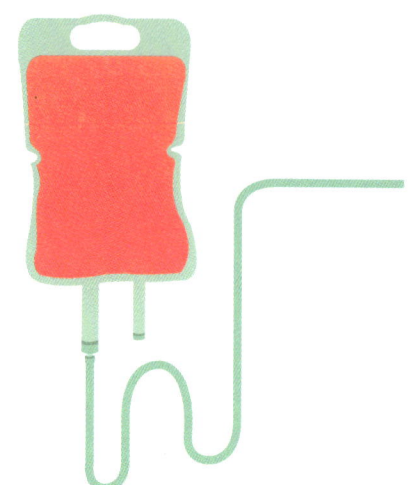

Als wir unsere Abreise bekannt gaben, war die grösste Angst unserer Freunde und Verwandten, dass uns etwas zustossen könnte… also, die erste gute Nachricht ist: Es werden euch viele Sachen zustossen, aber es werden nicht nur schlechte sein, das kann ich euch versichern.

KRANK «WIE ZU HAUSE»: Seien wir mal ganz ehrlich: Eine Weltreise macht euch nicht unbesiegbar. Eine Grippe oder eine Erkältung wegen einer zu kalt eingestellten Klimaanlage, so etwas kommt vor. Auf Reisen ist es genauso, ausser dass ihr vielleicht nicht euer kuschliges Bett habt, in dem ihr Zuflucht finden könnt. Wenn es etwas Ernsteres ist — es gibt überall Ärzte. Und wenn ihr gut versichert seid, braucht ihr euch keine Sorgen machen.

DIE MÜCKEN: Wie wir halten sie sich auch gerne auf Terrassen auf, nachts liegt uns ihr Summen in den Ohren und die Stiche jucken. Die gute Nachricht? 99,9 % der Stiche stellen kein ernsthaftes Risiko dar und mit den richtigen Impfungen wird das Risiko minimiert.

TIPP: Als Schutz könnt ihr ruhig jedes auf dem Markt verfügbare Spray, Pflaster, Öl, Räucherstäbchen ausprobieren, aber am effektivsten ist es, wenn ihr abends das Fenster schliesst, wenn das Licht an ist, und lange Kleidung tragt.

BONUS: Geckos fressen Mücken, vertreibt sie nicht aus eurem Zimmer!

HÖHENKRANKHEIT: In Europa ist sie wenig bekannt, weil unsere Berge so hoch sind. Aber ob in Asien oder in Südamerika – wahrscheinlich werdet ihr die 4000-Meter-Marke überschreiten, ohne dass ihr euch dessen bewusst seid. Was tun? Es genügt, wenn ihr euch langsam akklimatisiert, und dann könnt ihr vielleicht wie Benoit bis auf 6348 Meter aufsteigen.

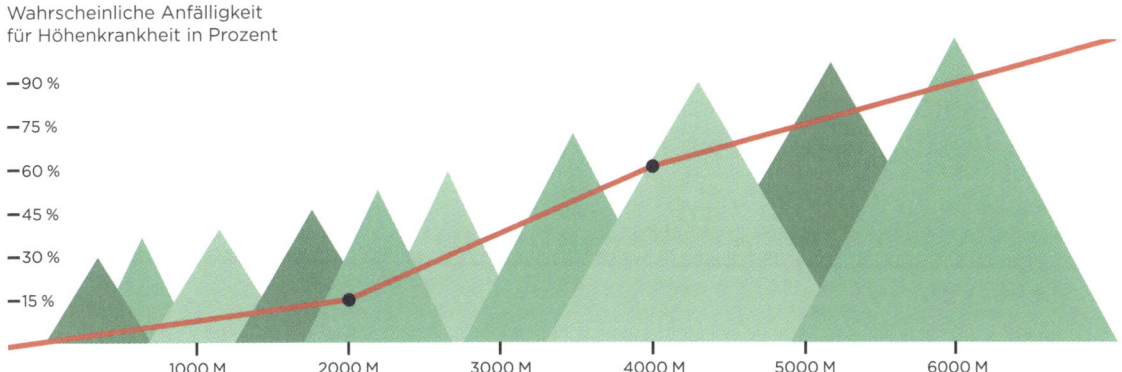

Wahrscheinliche Anfälligkeit
für Höhenkrankheit in Prozent

90 %
75 %
60 %
45 %
30 %
15 %

1000 M   2000 M   3000 M   4000 M   5000 M   6000 M

INFEKTIONEN: Wenn man sich in einem Land mit feucht-heissem Klima befindet, reagiert jeder Körper anders. Keime vermehren sich schneller und einfache Kratzer oder Mückenstiche können sich in eine wahre Infektion verwandeln (Erfahrungswert). Unser Rat: Die ersten Anzeichen einer Infektion, selbst einer gutartigen, sollten nicht auf die leichte Schulter genommen werden. Reinigt und desinfiziert die Wunde und schützt sie, indem ihr nicht badet. Wenn ihr den Eindruck habt, dass es schlimmer wird, geht sofort zum Arzt, damit er euch Antibiotika gegen die Infektion verschreibt.

LEBENSMITTELVERGIFTUNGEN ODER «MONTEZUMAS RACHE»

Fast alle kommen einmal in den Genuss! Oft handelt es sich nur um Durchfall ohne schwerwiegenden Verlauf, der wieder vergeht. Als Paar? Ihr werdet sehen, dass die Gespräche mit dem Partner über die Verdauung die neue Version von «Hallo, wie war's bei der Arbeit?» sein werden.

WIE KANN MAN DAS RISIKO FÜR «MONTEZUMAS RACHE» VERRINGERN?

Wir würden euch so gerne sagen, dass wir die Wunderlösung haben. Leider ist das nicht der Fall! Selbst nach all den Jahren und der vielen Magen-Darm-Beschwerden passiert es uns hin und wieder.

EIN PAAR TIPPS

- Bevorzugt gekochte Lebensmittel.
- Schält euer Obst.
- Esst dort, wo viele andere essen.
- Esst lokal! Eine Pizza mit Mozzarella in einem Land, in dem die Leute keine Milchprodukte konsumieren und wo man nur eine sehr vage Vorstellung vom Begriff der Kühlkette hat, ist nie eine gute Idee.
- Bleibt gelassen! Man wird öfter krank, wenn man misstrauisch auf Reisen geht.
- Wascht euch regelmässig die Hände mit Seife.

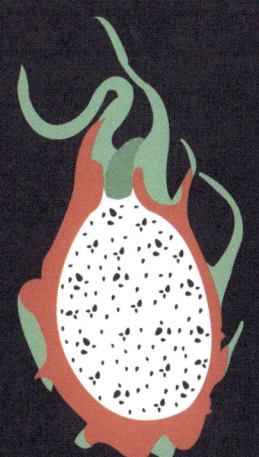

GEFAHR FÜR LEIB UND GELD

UNFÄLLE

Ein Unfall ist Teil der Unwägbarkeiten des Lebens und man ist nie vollständig dagegen gefeit. Aber damit eins sofort klar ist: Das Reisen verändert die Statistik keineswegs. Man bricht sich dann vielleicht nicht den Arm, wenn man auf der Treppe ausrutscht, sondern beim Surfen!

AUTOUNFÄLLE

Während einer Reise legt man viele Kilometer zurück: mit dem Bus, dem Taxi, dem Tuk-Tuk usw. Logischerweise steigt das Unfallrisiko. Aber abgesehen von der Tatsache, dass ein Unfall nicht in eurer Macht liegt und überall passieren kann, kommt so etwas auch nicht alle Tage vor. Wir sind über 45 000 Kilometer mit dem Bus gefahren und uns geht es gut. Wir klopfen auf Holz!

ANEKDOTE

Den grössten Schrecken in Bezug auf Transportmittel verdanken wir unbestritten den chinesischen Strassen. Wir befanden uns auf dem Hochplateau von Sichuan, auf einer kleinen nicht asphaltierten Strasse auf einer Höhe von mehr als 4000 Metern. Ich sass am hinteren Ende des Busses und klammerte mich mit geschlossenen Augen an den Sitz vor mir. Unser Bus fuhr mit einer Geschwindigkeit von mehr als 70 km/h auf einer Strasse mit Schlaglöchern und bei jedem Stoss flogen wir in die Luft.

Schlimmer noch, wir befanden uns in dickstem Nebel und unser improvisierter Rallyefahrer konnte keine fünf Meter weit sehen. Glücklicherweise schien er die Strasse und deren Kurven auswendig zu kennen. An diesem Tag verstand ich das ganze Ausmass des Spruchs «sein Leben einem Unbekannten anvertrauen»! Doch zum Glück kamen wir unversehrt an unserem Ziel an. Und dank seiner «Glanzleistung» auch noch früher als vorgesehen.

DIEBSTAHL UND ANGRIFFE

Sehr präsent in den Medien, vor allem auf dem südamerikanischen Kontinent. Noch bevor ich zum ersten Mal einen Fuss in Ecuador setzte, lief schon das Kopfkino ab. Ich stellte mir vor, wie wir entführt würden oder mit einer Waffe an der Schläfe enden würden.

Es gibt kein Nullrisiko, aber ich möchte euch ein Beispiel geben: Ich bin in meinem Leben zwei Mal beklaut worden. Ein Mal in Lausanne in der Schweiz und ein Mal in Wien, Österreich. Neun Monate in Südamerika und kein Diebstahl in Sicht. Also, bleibt gelassen, solche Dinge geschehen, doch es handelt sich dabei eher um Einzelfälle.

BETRUG

Ich würde euch gerne sagen, dass ihr nie übers Ohr gehauen werdet, aber das wird nicht der Fall sein. Nehmt es wie ein Spiel! Achtet auf den Wechselkurs, wenn ihr über eine Grenze fahrt, und vor allem: Relativiert die Dinge. Ach ja, ein letzter Rat: Ein Taxifahrer ist nie euer Freund, vor allem nicht, wenn er am Ausstieg eines Busses auf Touristen wartet.

UNVERMEIDBARE RISIKEN

DER REISEBLUES

Wenn etwas undankbar ist, dann das. Vor Reiseantritt denkt man noch, dass die Reisenden, die behaupten, reisemüde zu sein, übertreiben, da sie doch im Urlaub sind. Dennoch gibt es nur wenige, die verschont bleiben. Selbst im Paradies hat man manchmal einen Durchhänger.

Es gibt einige Reisende, die einen sogenannten «Reise-Burn-out» haben. Er ist schwer vorherzusehen, doch er zeigt sich oftmals in Form eines gewissen Überdrusses. Man bemerkt, dass man immer weniger Lust hat, den x-ten Tempel zu besichtigen, zum x-ten Mal über den Preis einer Hotelübernachtung zu verhandeln.

Was hilft? Bei jedem etwas anderes!

Doch bei uns gab es so einige Dinge, die in der Regel ganz gut halfen:

SICH EINIGE TAGE AUSRUHEN

Klar, auf Reisen ist man oft auf Tour, man ist mehrmals pro Woche an einem anderen Ort und schläft immer in einem anderen Bett. Wenn man ein paar Tage Pause einlegt, kann man sich wieder in einen normalen Alltag einfinden.

EINEN ABEND «WIE ZU HAUSE» ORGANISIEREN

Manchmal tut es gut, wenn man sich an liebgewonnenen Gewohnheiten orientiert. Man kauft sich eine Packung Chips und eine Tafel Schokolade, man macht es sich in seinem Bett gemütlich und verbringt den Abend mit einem guten Film oder schaut sich Serien an.

AKZEPTIEREN, DASS MAN NICHT ALLES SEHEN WIRD

Am Anfang reisen die meisten mit dieser unbezwingbaren Lust, so viel wie möglich besichtigen zu wollen. Im Lauf der Monate stellt man jedoch fest, dass es manchmal genauso schön ist, einen Kaffee auf einer Terrasse in einem Arbeiterviertel zu trinken und dabei die Leute zu beobachten, wie alle bekannten Museen der Stadt zu durchforsten. Ein Reiseziel sollte man sicherlich besichtigen, doch es ist wichtig, dass man sich daran erinnert, es einfach zu erleben.

REISEFIEBER

Das ist wahrscheinlich die grösste Gefahr, denn 99 % der Reisenden werden davon gepackt. Symptome? Wenn man einmal zurück ist und einen dieses dringende Verlangen überkommt, noch mehr entdecken zu wollen, obwohl man bereits so viele schöne Dinge gesehen hat. Leider gibt es für diese Krankheit kein Gegenmittel… ausser vielleicht die Vorbereitung für eine neue Reise.

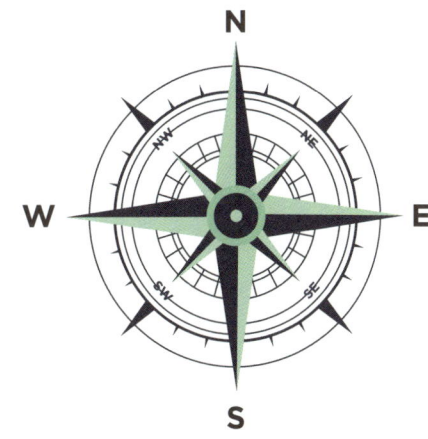

GEMÜTSZUSTÄNDE

ALLEIN, ALS PAAR, MIT DER FAMILIE ODER MIT FREUNDEN VERREISEN

DER ALLEINREISENDE

VORTEILE: Unabhängigkeit, Flexibilität und Autonomie. Der Alleinreisende ist nur wirklich allein, wenn er sich dafür entscheidet, denn wenn man einmal unterwegs ist, trifft man sehr schnell neue Leute, und wenn man einen Weg ein Stück weit zusammen geht, werden Unbekannte schnell zu Freunden.

FINANZIELLE HERAUSFORDERUNGEN: Essen und Unterkunft sind für den Alleinreisenden meist einen Tick teurer (im Verhältnis gesehen).

LOGISTISCHE HERAUSFORDERUNGEN: Niemand, der auf die Sachen aufpassen kann, wenn man mal auf die Toilette gehen will, niemand, der einem Medikamente aus der Apotheke holen kann, wenn man krank ist.

ALS PAAR VERREISEN

VORTEILE: Erlebnisse teilen, Unterstützung und Verbundenheit. Eine Reise, bei der man jeden Tag 24 Stunden miteinander verbringt, ist ein sicheres Mittel, um den anderen mit all seinen Wesenszügen kennenzulernen (die guten und die schlechten Seiten). Wenn man zu zweit ist, hat man auch eine starke Schulter, an die man sich mal anlehnen kann, jemanden, dem man sich anvertrauen kann und der uns motiviert, wenn es einem mal nicht so gut geht.

HERAUSFORDERUNGEN: Streit, Intimität und Einsamkeit. Als Paar neigt man schnell dazu, «sich selbst genug zu sein», und nicht selten stellt man fest, dass Pärchen weniger Leute kennenlernen als Alleinreisende. Die Privatsphäre ist ebenfalls ein etwas heikles Thema, denn wenn man in schäbigen Zimmern, Schlafsälen, im Zelt, einem Bus usw. schläft, ist das nicht gerade der Gipfel der Romantik. Und natürlich sollte man immer darauf achten, dass man gut kommuniziert. Kleine Frustrationen im Alltag können sich schnell in Streitereien verwandeln.

MIT DER FAMILIE AUF TOUR

VORTEILE: Die gemeinsam verbrachte Zeit, die Förderung der Kinder, eine wahre Schule des Lebens. Während unserer Reise waren wir immer wieder erstaunt über die Neugierde der Kleinen, die da mit ihren Eltern reisten, über ihren offenen Geist und ihre Pfiffigkeit. Das Reisen ist wirklich eine fantastische Schule des Lebens. Es ist ein wahres Glück, wenn man sieht, wie sich die Kleinen in jedem Umfeld wohlfühlen. Die Verbundenheit unter den Geschwistern sowie zu den Eltern wird ebenso gestärkt!

HERAUSFORDERUNGEN: Auf den Rhythmus von allen achten, Disziplin für die Schule haben. Kinder, vor allem die kleinen, haben einen mehr oder weniger festen Rhythmus. Schluss mit den Mojitos abends am Strand, die Familie muss die Zeiten und ihre Aktivitäten an die Kleinsten anpassen. Ausserdem ist eine Reise nicht immer ideal, um Disziplin für die Schule aufzubringen, Vorsicht vor kleinen Konflikten.

MIT FREUNDEN VERREISEN

VORTEILE: Erlebnisse teilen, Spass haben.
Wenn man mit dem/der besten Freund/in auf Reisen geht, sind Party und Spass garantiert. Duos und Gruppen von Freunden sind oft diejenigen, die am meisten «Spassaktivitäten» unternehmen, und es ist mit Sicherheit ein hervorragender Test für die Freundschaft, wenn man solche Abenteuer miteinander teilt.

HERAUSFORDERUNGEN: Kompromisse, Budget.
Wenn man mit mehreren Leuten unterwegs ist, heisst das, dass man auch Kompromisse eingehen muss. Als Paar oder in der Familie ist es vielleicht leichter, die Fehler des anderen zu akzeptieren oder das Programm an die Lust und Laune jedes Einzelnen anzupassen. Unter Freunden ist es oft nötig und sogar wichtig, dass sich jeder Zeit für sich nimmt. Auch das Budget ist ein Punkt, auf den man achten muss, wenn man mit mehreren Leuten unterwegs ist. Man sollte unbedingt vor der Reise abklären, ob man die gleichen Vorstellungen, auch bezüglich Komfort, hat.

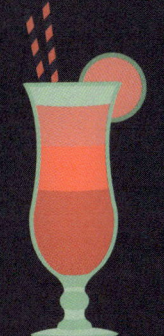

ZEIT FÜR SICH NEHMEN

Kompromisse sind sehr wichtig, aber manchmal ist es auch gut, wenn man sich einmal für ein paar Stunden oder Tage trennt. Als wir in Indonesien waren, betrachtete Benoit immerzu den Gipfel des 3726 Meter hohen Vulkans Rinjani, während ich seit einiger Zeit mit den Liegestühlen liebäugelte. Also kletterte Benoit drei Tage lang auf seine 3726 Meter, er schwitzte und geriet am Kraterrand in Entzücken, während ich mich auf den Gili-Inseln in der Sonne aalte und abwechselnd Fruchtsäfte und Bananenpfannkuchen zu mir nahm. Als wir uns wieder trafen, hatten wir beide drei Traumtage verbracht und waren bereit, in Richtung Bali weiterzureisen.

SEXY ABENTEURERIN SEIN

Auf Weltreise ist es schwierig, jederzeit schick und glamourös zu sein. Aber wer sagt schon, dass dies das Ziel einer solchen Reise ist? Wenn man mit dem Rucksack unterwegs ist, nimmt man natürlich hin, dass nicht jeden Tag Fashion Week angesagt ist. Aber was, wenn ich euch sage, dass es trotzdem ein paar Tricks gibt, mit denen man ein bisschen den Schein wahren kann? Hier ein paar 100-prozentige Girlie-Techniken für Abenteurerinnen.

DIE SONNENBRILLE

Es gibt nichts Besseres, um müde, ungeschminkte Augen zu verstecken.

EIN PAAR ACCESSOIRES SIND GESTATTET

Ein langweilig graues Wandershirt mit einfachem Schnitt, das ist nicht unbedingt ein Musthave in punkto Weiblichkeit. Doch manchmal genügen ein paar Accessoires von unterwegs, wie zum Beispiel eine hübsche Kette, zwei oder drei Armreifen oder ein Paar Ohrringe, um das Outfit aufzupeppen.

EIN HAUCH PARFÜM

Es gibt nichts Besseres, um sich weiblicher zu fühlen, als sich ein bisschen Parfüm hinters Ohr zu tupfen, bevor man essen geht. Man muss noch nicht einmal eine ganze Flasche herumschleppen, sondern es genügt, wenn man zwei oder drei Parfümproben im Toilettenbeutel dabei hat, um von Zeit zu Zeit einen Hauch von Weiblichkeit zu geniessen.

HÜTE UND SCHALS

Sehr hippe Modeaccessoires, mit denen man lässig darüber hinwegtäuschen kann, dass die Haare eigentlich gewaschen oder mit einer Kur gepflegt werden müssten.

UNTERSCHIEDLICHE FRISUREN

Man muss kein Experte im Frisieren sein, um seinen Frisuren ein bisschen Abwechslung zu verleihen.

MEINE HERREN: AUCH IHR SOLLTET EIN BISSCHEN DEN SEX-APPEAL WAHREN.

Es gibt keinen Grund, warum nur die Frauen «sexy on the road» sein sollten (oder es zumindest versuchen). Hier sind ein paar Tricks, wie ihr aus euch in jeder Situation einen männlichen Abenteurer und Verführer macht:

- Feuchtigkeitspflege: Die Haut des Mannes ist in keinster Weise widerstandsfähiger als die der Frau. Sträubt euch nicht gegen Feuchtigkeitslotionen nach einem Sonnenbad oder einen Lippenpflegestift in den Bergen. PS: Bier gilt nicht als feuchtigkeitsspendende Pflege.

- Der sexy Abenteurer mit Bart ist kein Mythos. Aber damit ein Bart sexy ist, muss er regelmässig getrimmt werden! Also zögert nicht, ab und zu einen Termin bei einem örtlichen Barbier zu vereinbaren.

DER SCHLÜSSEL ZU EINER ERFOLGREICHEN WELTREISE

HÖRT AUF EUCH

«Was? Drei Länder in einem Monat, aber da reist ihr ja viel zu schnell, um alles sehen zu können! Oh, ihr habt 24 Stunden in Bangkok? Super, ihr solltet euch auf jeden Fall den Grossen Palast ansehen. Wartet mal, ihr wart in Argentinien und habt Iguazu nicht gesehen?»

Solche Sätze werdet ihr jeden Tag zu hören bekommen. Andere Reisende, Freunde, die sehr an eurer Reise Anteil nehmen, Tante Michaela, die gerade erst letzten Sommer in Thailand war. Sicherlich sollte man auch den anderen zuhören, aber in erster Linie sollte man auf sich selbst hören. Ihr wollt nur fünf Stunden pro Nacht schlafen, damit ihr so viel wie möglich besichtigen könnt? Los geht's! Ihr wollt den Zwischenstopp in Bangkok nutzen, um zu schlafen und euch eine Massage zu gönnen? Tut es!

Vergesst nie, dass es eure Reise ist, auch wenn es eurer Tante oder eurem Schlafsaalgefährten nicht gefällt.

WAGT ETWAS

Eine Reise ist eine wunderbare Gelegenheit, um etwas Neues auszuprobieren: eine neue Sprache lernen, völlig unbekannte Leute ansprechen, einen Bungee-Jump machen, einen Vulkan erklimmen, um den Sonnenaufgang zu sehen, einen 6000er besteigen, ausgefallene Gerichte probieren, in einer taiwanesischen Bar Karaoke singen.

Jede neue Erfahrung prägt den Charakter, hilft aber auch dabei, über seine eigenen Grenzen hinauszuwachsen und unvergessliche Erinnerungen zu schaffen.

IHR SOLLTET RELATIVIEREN KÖNNEN

Ich werde euch nicht anlügen: Auf einer langen Reise gibt es – ebenso wie im Alltag – Sch...-Tage. Auf Reisen sind die Gefühle um ein Vielfaches intensiver. Ihr solltet euch sagen, dass die schlechten Tage nach der Rückkehr ein fester Bestandteil eurer Erinnerungen sein werden und dass ihr selbst an diese mit einem Lächeln zurückdenken werdet.

ANEKDOTE

Wir waren in Indonesien und kamen gerade von einem viertägigen Ausflug zurück, auf dem es keine Duschen gab. Aufgrund der mangelnden Hygiene und der Müdigkeit hatte ich eine riesige Infektion am Bein entwickelt, weshalb ich nicht mehr richtig laufen konnte. Wir waren bereits erschöpft, hatten aber noch eine 23-stündige Busfahrt bis zum Flughafen vor uns. Auf dieser Fahrt spielte uns das Schicksal weiter mit. Kaum hatten wir uns gesetzt, bemerkten wir, dass der Bus voller Kakerlaken, Ameisen und anderer krabbelnder Nettigkeiten war. Nach einer halben Stunde Fahrt fing es am ganzen Körper an zu jucken. Es dauerte nicht lange, bis wir begriffen, dass zusätzlich zu den Kakerlaken im Bus auch noch unsere Sitze von Flöhen befallen waren. 23 Stunden lang wurden wir von Kopf bis Fuss zerstochen.

Und als hätte das noch nicht genügt, gab mir der kleine Junge auf dem Sitz vor mir den Rest. Gegen Ende der Reise schien er sein Essen nicht gut verdaut zu haben und begann sich zu übergeben. Aus Panik bückte er sich und spuckte unter seinen Sitz. Genau dort hatte ich meine Füsse und ausserdem meinen kleinen Stoffrucksack.

Dieser Tag endete damit, dass ich heulend am Flughafen von Jakarta sass.

Wenn mir Benoit in diesem Moment gesagt hätte, dass ich eines Tages mit einem Lächeln auf den Lippen in Erinnerung an diese Erfahrung in einem Buch von diesem Tag erzählen würde... hätte er wahrscheinlich ein paar böse Blicke geerntet. Und doch!

DIE EVOLUTION DES REISENDEN

	KAFFEE	**RESERVIERUNG DER UNTERKUNFT**
ZU HAUSE	In einem Café mit einem sehr guten italienischen Kaffee: «Für mich ist Kaffee heilig, einen Nektar von höchster Qualität erkennt man sofort.»	Ein Pärchen in seinem Wohnzimmer: «Schatz, wir müssen unbedingt unser Hotel für den Urlaub in zwei Monaten reservieren. Es ist Hochsaison und alles wird ausgebucht sein.»
ZU BEGINN DER REISE	Auf der Strasse, die etwas zweifelhaften Cafés beäugend: «Pah, einen schlechten Kaffee trinken wir nicht, oder? Lass uns lieber einen Tee trinken.»	Ein Pärchen am Telefon: «OK, wir müssen ja nicht unbedingt reservieren, aber wir können ja trotzdem im Internet nachschauen, ob es noch Zimmer gibt und wie viel sie kosten.»
MITTEN AUF DER REISE	Mit einem Instantkaffee an einem kleinen Verkaufsstand sitzend: «Hmm, fein! Ehrlich gesagt ist er gar nicht so schlecht, so ein Instantkaffee.»	Dasselbe Pärchen auf einer Strasse. Er bleibt vor einem Hotel stehen, sie vor einem anderen gegenüber: «Das passt, sie haben Platz. 12 Euro, Gemeinschaftsbad und warmes Wasser.» «OK, hier sind es 14 Euro, gehen wir in deins.»

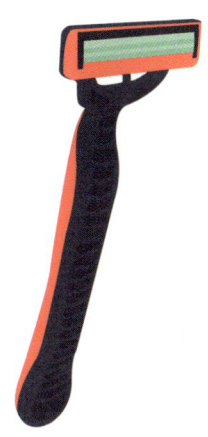
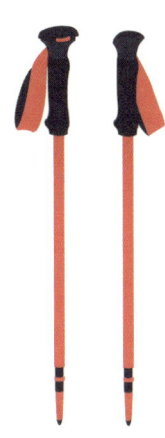

AUFRÄUMEN

RASIEREN

ZU FUSS GEHEN

In der Wohnung steht eine dreckige Tasse auf dem Tisch, zwei Kleidungsstücke liegen herum und die Person sagt so etwas wie: «Oh je, jetzt muss ich aber mal aufräumen!»

Ein Typ vor seinem Spiegel mit einem Mini-Dreitagebart: «Oh je, jetzt muss ich mich echt mal rasieren, ich schau ja schon aus wie ein Bär!»

Ein Pärchen an einer Bushaltestelle, an der angezeigt wird, dass der Bus Verspätung hat: «Zwei Haltestellen? Ach komm, da laufen wir nicht, der Bus wird schon kommen.»

Im Zimmer des etwas zwielichtigen Gästehauses liegt der Reisende eingekuschelt in seinem Seidenschlafsack, damit er die etwas dubiose Bettwäsche nicht berührt, und sucht die Wände nach Insekten ab.

Der Herr ist tadellos rasiert und sagt: «Bloss weil man unterwegs ist, braucht man sich nicht total gehen lassen.»

Mit einem Stadtplan in der Hand vor einer Tuk-Tuk-Haltestelle: «3 km, was meinst du, sollen wir es versuchen oder ein Tuk-Tuk nehmen?»

Gerade in einem etwas schmuddeligen Zimmer angekommen, ruft der Reisende aus: «Wow, schau mal: Es gibt sogar eine Badewanne und warmes Wasser. Super!»

Derselbe Typ mit einem Vollbart: «Das gehört zum Reisen dazu. Zu Hause werde ich alle Zeit der Welt haben, um mich wieder zu rasieren.»

Zwei Reisende in einem Busbahnhof. Auf einem Schild steht: 6 km bis ins Stadtzentrum. «Oh, schau mal, es sind nur 6 km! Für so eine kurze Strecke nehmen wir kein Taxi.»

DIE RÜCKKEHR

Ich erinnere mich noch genau daran, wie wir unsere Weltreise vorbereiteten und uns viele erfahrene Reisende immer wieder das Gleiche sagten: «Mach dir keine Sorgen um die Reise, alles wird gut gehen. Bereite dich auf die Rückkehr vor, denn die wird schwierig werden.»

Während der Vorbereitungen lag die bevorstehende Rückkehr noch in weiter Ferne. Ich verdrängte diesen Abschnitt der Reise, weil ich mich allein auf die kommende Reise konzentrierte. Eine weise Entscheidung.

Warum schreibe ich dann in diesem Buch darüber? Weil ich der Meinung bin, dass die Rückkehr und die damit verbundenen Gefühle ein fester Bestandteil der Reise sind. Jedes Abenteuer ist anders und so auch jede Rückkehr. Dennoch folgen die meisten Reisenden demselben Schema im Gefühlschaos nach der Rückkehr.

DIE AUFREGUNG

Die Freunde und Familie wiedersehen, wieder guten Käse und gutes Brot essen und der Willkommensapéro: Fast alle Reisenden haben zumindest einmal von diesem Moment geträumt, während sie auf ihrer grossen Reise den x-ten Teller Pasta assen. Und glaubt mir: Es ist einfach das wahre Glück, wenn man seine Liebsten wiedersieht und altbekannte Gerichte wiederentdeckt.

DER STRUDEL

Schnell werden die Geschichten von der Reise angesichts all der Bürokratie in den Hintergrund rücken. Wenn man sein Zuhause für eine längere Zeit verlassen hat, folgt auf die Rückkehr oft eine Zeit der Behördengänge, des Umzugs, des Wiedereinstiegs ins Berufsleben, der Rückkehr in ein strukturierteres Leben. Die Tage sind vollgefüllt und lassen dem ehemaligen Reisenden nur wenig Zeit, um an seine Reise zurückzudenken.

INFRAGESTELLUNG

Einige Wochen nach der Rückkehr prägte uns ein Gefühl ganz besonders: Wir hatten den seltsamen Eindruck, dass unsere Reise nur eine Art Intermezzo gewesen war. Ein Zwischenspiel, das für uns 19 Monate gedauert und uns zutiefst verändert hatte. Paradoxerweise hatte sich unser «Leben davor», unser Kokon, gar nicht so sehr verändert.

Schimpfende Leute in der Metro, Freunde, die sich über ihre Chefs oder den Nachbarn aufregen, kleine Streitereien in der Familie. Und mittendrin zwei Reisende mit so vielen Geschichten, die sie unbedingt loswerden wollen, die aber auf die Frage «Und, war es gut?» oft nur mit einem einfachen «Ach ja, es war super!» antworten. Eine Reaktion, um die Umgebung, die uns plötzlich so festgefahren scheint, nicht zu verwirren. In dieser Zeit ist man ein bisschen wie ein Zuschauer im eigenen Leben; man beobachtet, vergleicht und fragt sich, wie man wieder seinen Platz einnehmen soll.

DIE ANPASSUNG

Nach und nach kommt man wieder ins Gleichgewicht und findet sich in den Alltag ein. Doch der Reisende hat seine Erinnerungen für immer fest gespeichert und, glaubt mir, selbst wenn man seinen Freunden und der Familie mit der Zeit immer weniger von seiner Reise erzählt, hat sie uns doch auf die eine oder andere Art verändert. Doch eines sei gesagt: Das beste Mittel gegen eine kleine depressive Verstimmung ist, sein nächstes Abenteuer zu planen. Ob es eine Reise ist oder nur ein Ausflug in der Nähe.

UND WENN WIR ES NOCHMALS TÄTEN, WAS WÜRDEN WIR ANDERS MACHEN?

Die erste Antwort, die mir in den Sinn kommt ist: «Nichts». Gerade auch die kleinen Unvollkommenheiten einer Reise, so manche Anstrengung, tragen dazu bei, dass Erinnerungen unvergänglich werden. Wenn ich die Möglichkeit hätte, einer zukünftigen Reisenden wie ich es einige Monate vor der Abreise war einen Rat zu geben, dann würde ich ihr Folgendes sagen:

«BESCHÄFTIGE DICH NICHT ZU SEHR MIT DER REISEROUTE!»

Während der Monate vor unserer Abreise hatten wir eine grosse Weltkarte, die wir an unsere Wohnzimmerwand hängten. Wie viele Abende haben wir damit verbracht, sie anzusehen und uns zu fragen, ob es nicht besser wäre, eine Woche mehr in diesem Land zu verbringen und eine weniger in einem anderen? Viel zu viele! Denn letztendlich hielten wir uns kaum an das, was wir geplant hatten.

Die perfekte Reiseroute ist nicht diejenige, die man vorher erstellt, sondern diejenige, die sich während der Reise ergibt.

«MACH DEINEN RUCKSACK LEICHTER.»

Ich kann mich noch genau an den Moment erinnern, als ich am Abend vor der Abreise im letzten Moment Baumwollhandschuhe in den Rucksack packte. Ich sagte mir, dass ich sie in Südamerika sicher brauchen würde. Ich bin also das Mädchen, das während ihrer elfmonatigen Reise in Asien Handschuhe für 2 Euro herumgetragen hat, um sie dann gleich nach der Ankunft in Südamerika wegzuwerfen. Auf einem Markt in Bolivien hatte ich nämlich ein Auge auf ein neues Paar geworfen.

Bei der Abreise braucht man nur das Nötigste mitzunehmen, alles andere findet sich unterwegs!

«ES GIBT ÜBERALL VERRÜCKTE, ABER AUCH MENSCHEN MIT EINEM GOLDENEN HERZEN. HAB ALSO KEINE ANGST!»

Im Grunde wusste ich es, aber wahrscheinlich hätte mich jemand daran erinnern müssen. Vor unserer Abreise war ich davon überzeugt, dass uns früher oder später alle möglichen Missgeschicke zustossen würden. Ich versuchte mich dadurch zu beruhigen, dass ich mir alle möglichen Horrorszenarien vorstellte. Was ich bei meinen Überlegungen jedoch nicht berücksichtigt hatte, waren die unglaublichen Leute, die man bei solchen Strapazen antreffen kann.

«NIMM EIN KLEINES FOTOALBUM MIT, DAMIT DU DEN LEUTEN ZEIGEN KANNST, WOHER DU KOMMST.»

Es ist immer gut, wenn man ein paar Fotos von zu Hause bei sich hat — ob in Form von Papier oder auf dem Telefon —, um den Leuten, die man unterwegs trifft, zu zeigen, woher man kommt, wer die Familie und die Freunde sind.

«GLÜCK MACHT (FAST) GENAUSO SCHÖN WIE MAKE-UP.»

Vor der Abreise hatte ich ernsthaft darüber nachgedacht, ein Mini-Glätteisen für die Haare mitzunehmen, und mein Waschbeutel quoll über mit Kosmetikartikeln aller Art. Im Lauf der Monate verringerte sich sein Umfang und er enthielt dann nur noch Wimperntusche, einen Eyeliner, zwei Lidschatten und einen ziemlich eingetrockneten Concealer.

«KAUFE KEINEN VERLOBUNGSRING IN CHINA.»

Das geht auf die Rechnung von Benoit… bei Sonnenuntergang machte er den allerschönsten Heiratsantrag auf der Chinesischen Mauer. Alles war perfekt, ausser vielleicht die Tatsache, dass der Ring, den er einige Tage zuvor für teures Geld in Peking gekauft hatte, schliesslich zu rosten anfing.

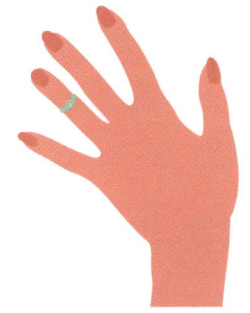

JEDEM SEINE EIGENE WELTREISE

ALEX VIZEO

Wie viel Zeit hast du für die Vorbereitung der Reise gebraucht?
Drei Monate (ohne Stress).

Was hast du während der Weltreise mit deinen Sachen gemacht?
Meine Wohnung habe ich aufgegeben, ich bin so viele unnötige Sachen wie möglich losgeworden. Und den Rest habe ich in Kartons gepackt und bei meinen Eltern untergestellt. Als ich sie zwei Jahre später ausgepackt habe, stellte ich fest, dass man eigentlich nicht viel braucht. Also habe ich den Rest an Vereine gespendet.

 **Alex Vizeo**

 **Île-de-France FRANKREICH**

 Alter zu Beginn der Weltreise **27 JAHRE**

 **www.vizeo.net**

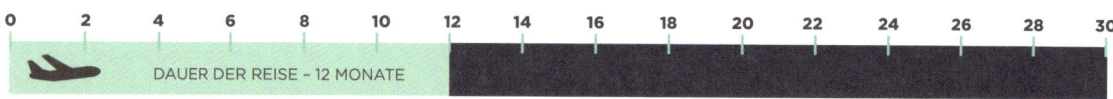

0 — 2 — 4 — 6 — 8 — 10 — 12 — 14 — 16 — 18 — 20 — 22 — 24 — 26 — 28 — 30

DAUER DER REISE – 12 MONATE

 ABREISE **03.01.11**

 Gesamtbudget für die Weltreise **14 400 €**

 Beruf vor der Abreise **LEITER DES KUNDENDIENSTES FÜR EINE ONLINE-WERBEAGENTUR** Beruf nach der Rückkehr **REISE-BLOGGER**

 ART DES URLAUBS **KÜNDIGUNG**

15 LÄNDER BESUCHT

BURMA - THAILAND - LAOS - CHINA - MONGOLEI - BALI - PAPUA-NEUGUINEA - NEUKALEDONIEN - NEUSEELAND - CHILE - ARGENTINIEN - BRASILIEN - BOLIVIEN - KOLUMBIEN

21 FLÜGE

 Art des Flugtickets **AROUND-THE-WORLD-TICKET – ONE WORLD ALLIANCE**

 Gewicht des Gepäcks **11 KG HAUPTRUCKSACK 6 KG AUSRÜSTUNG**

Wie bist du auf die Idee gekommen, eine Weltreise zu machen? Gab es einen Auslöser?
Zwei sechsmonatige Aufenthalte im Ausland. Der erste als Au Pair in den USA und der zweite mit Erasmus in Spanien. Dort habe ich gemerkt, dass die Welt ausserhalb Frankreichs wirklich anders ist, nicht besser oder schlechter, nur anders. Und ich wollte unbedingt alle Andersartigkeiten kennenlernen.

Was war die grösste Herausforderung bei der Organisation der Reise?
Vier Monate lang warten zu müssen, nachdem ich die Entscheidung getroffen hatte! Die Lust darauf hatte sich bereits mehrere Jahre lang aufgestaut und ab dem Zeitpunkt der Entscheidung musste ich mich wirklich zusammenreissen.

Was war die schönste Begegnung und an welchem Ort?
Wenn man viel reist und vor allem lange unterwegs ist, sollte man Dinge nie vergleichen: die Leute, die Orte, die Sehenswürdigkeiten. Das ist die beste Art, sich die Reise zu vermiesen, stattdessen sollte man lieber jeden Moment wie eine neue Erfahrung auffassen. Für mich war die schönste Begegnung jede, die ich potenziell jeden Tag auf meiner Reise erleben konnte.

Das untypischste Transportmittel, mit dem du während deiner Weltreise unterwegs warst?
Ein Holzfloss, das ich selbst zusammen mit meinem Reiseführer im Amazonas in Bolivien gebaut hatte. Nach mehreren Tagen Fussmarsch wollten wir flussabwärts zu einem Dorf der indigenen Bevölkerung fahren.

Welchen eher untouristischen Ort empfiehlst du?
Einige Gegenden in Myanmar, das Bolaven-Plateau in Laos, die Steppe in der Mongolei, das Baliem-Tal im indonesischen Papua, die Lagunen von Neukaledonien. Und einige, die ich nach meiner Weltreise kennengelernt habe: Iran, Kirgisien, Panama.

Wo hast du die seltsamsten Dinge gegessen?
Frische in der Pfanne angeröstete Ziegenhoden zum Frühstück in der Mongolei und eine Suppe in Quongquin in China, in die ganz seltsame Dinge kommen und die sehr, sehr scharf ist.

Hast du irgendetwas mitgenommen, das du nie gebraucht und schliesslich unterwegs weggeworfen hast?
Ja, einen Feuerstein, um Feuer zu machen! Offensichtlich braucht man den echt nicht, weil man immer mindestens ein Feuerzeug dabei hat. Aber ich habe ihn behalten. Er gibt mir das Gefühl, dass ich ein grosser Abenteurer bin.

Wenn du jemandem, der morgen abreist, nur einen Rat geben könntest, was würdest du ihm sagen?
Folge deinem Instinkt. Höre nicht auf die Leute, folge nicht den ausgetretenen Pfaden, mache nichts, um es gut zu machen, sondern bahne dir einfach deinen eigenen Weg. Denn die beste Reise, die du erleben kannst, ist die, die zu dir passt, zu dir und niemandem sonst. Besonders auf einer grossen Reise ist es wichtig, dass du auf dich hörst, denn dort findest du die Antworten auf die Fragen, die du stellst. Und das kannst du nur tun, wenn du auf dich hörst.

Wie war deine Rückkehr? Hast du eine Anekdote über einen schwierigen Moment parat?
Lustig war, dass ich mich nach der Rückkehr mit Anzug und Krawatte für dieselbe Stelle wie vorher beworben habe, nur eben bei der Konkurrenz. Aber vor der letzten Unterredung habe ich den Personalleiter angerufen und ihn darüber informiert, dass ich meine Bewerbung zurückziehe, weil ich etwas Besseres gefunden hätte... mein Leben zu ändern! Und das habe ich getan.

Wie hat die Weltreise dein Leben beeinflusst? Bist du reisesüchtig geworden?
Die Weltreise hat mein Bedürfnis wachsen lassen, nicht mehr einer Arbeit nachzugehen, mit der ich meine Leidenschaft finanzieren kann, sondern eine Leidenschaft zu finden, von der ich leben kann! Seit der Weltreise – vor bereits sechs Jahren – habe ich nicht mehr aufgehört zu reisen. Nicht etwa, weil das Reisen so besonders ist und ich jeden Tag etwas Neues lerne, sondern einfach, weil es meine Leidenschaft ist.

SHOESYOURPATH

Wie haben eure Freunde und Familie reagiert, als ihr ihnen von euren Reiseplänen erzählt habt?

Da dies nicht unsere erste Reise ist und wir oft Ideen haben, die die meisten eher als «originell» auffassen, sind die Leute daran gewöhnt und haben die Nachricht wie sonst auch aufgenommen. Glücklich für uns und unsere Projekte, aber immer mit etwas Wehmut und einer kleinen Träne im Auge (was wir natürlich auch immer haben). Es ist schwierig zu sagen, ob ein bestimmter Satz öfter fiel als ein anderer, aber vielleicht war es etwas wie «SCHON WIEDER???» oder «Super, wir freuen uns für euch!» Es gab aber auch das «Cool, da kommen wir euch besuchen», aber das geschieht dann nicht so oft.

Welche Landschaft war das grösste Highlight für euch?

Myanmar. Definitiv Myanmar. Atemberaubende Landschaft, uralte, wunderschöne Architektur, ein so nettes und gastfreundliches Volk, die Farben und das Licht… das Licht war das schönste, das wir je erlebt haben. Das ist ein Paradies für Fotografen!

 **Mariette und Quentin**

 Paris **FRANKREICH**

 Alter zu Beginn der Weltreise **27 & 24 JAHRE**

 www.shoesyourpath.com

0	2	4	6	8	10	12	14	16	18	20	22	24	26	28	30

 DAUER DER REISE – 19 MONATE

 **ABREISE** **01.09.14**

 Gesamtbudget für die Weltreise **10 000 €**

 Beruf vor der Abreise **Juwelierin**
Beruf nach der Rückkehr **Fotografin und Comic-Autorin**

 Beruf vor der Abreise **Systemingenieur**
Beruf nach der Rückkehr **Fotograf**

8 LÄNDER BESUCHT

AUSTRALIEN - NEUSEELAND - CHINA - LAOS - THAILAND - MYANMAR - KAMBODSCHA - VIETNAM

 ART DES URLAUBS **Aufhebungsvertrag und Kündigung**

 Gewicht des Gepäcks M: **18 KG** Q: **20 KG**

 Transportmittel
Per Anhalter - 6000 KM
Zu Fuss - 3000 KM
Auto – Schiff
Bus - Zug

Warum wolltet ihr dem Mekong zu Fuss folgen? Gab es einen bestimmten Grund?

Zu Beginn wollten wir durch so ziemlich alle Länder in Asien reisen, aber uns fehlte der rote Faden. Nach intensivem Kartenstudieren drängte sich der Mekong geradezu auf. China übte zu diesem Zeitpunkt keine sonderlich grosse Anziehungskraft auf uns aus. Wir hatten einen Reiseführer, aber kein Ziel. Wir interessieren uns sehr für das, was wir «Parallelwelten» nennen, das heisst das Leben, das man weder in den Medien sieht noch wenn man ein Land mithilfe eines Reiseführers besucht. Gekoppelt mit unserer Wanderlust ist die Idee entstanden, dem Mekong zu Fuss flussabwärts zu folgen und all diese Orte und Völker zu entdecken, von denen niemand spricht, obwohl Asien der Tempel des Massentourismus ist. Mehr haben wir nicht gebraucht, wir haben China ins Projekt aufgenommen und los ging's! Übrigens haben wir drei Monate in China verbracht, was nun wahrscheinlich unsere schönste Erinnerung ist.

Gibt es eine Begegnung, die euch mehr beeindruckt hat als andere?

Es ist schwierig, nur eine einzige zu nennen. Als Erstes dachten wir an den Nomaden, der uns durch die Steppe des Himalaya führte. Doch wahrscheinlich hat uns Paulina am meisten bewegt. Paulina ist eine 85-jährige Tibetanerin (Alter zu jenem Zeitpunkt), bei der wir sechs Tage zusammen mit ihrer Familie auf ihrem Bauernhof verbrachten. Die Geschichte ihres Dorfes ist faszinierend, und sechs Tage lang haben wir nicht ein einziges Wort in derselben Sprache gesprochen (sie sprach einen tibetanischen Dialekt, den wir nicht beherrschten). Dennoch haben wir mit dieser kleinen, schelmischen, temperament- und humorvollen Frau eine wirklich besondere Beziehung aufgebaut. Es war so schön, dass wir beim Abschied fast weinen mussten.

Ein Ort, der nicht unbedingt touristisch ist, den ihr aber empfehlen könnt?

China. Aber ausserhalb der touristischen Sehenswürdigkeiten! Es ist ein faszinierendes Land mit einer langen Geschichte und einer Kultur, die so anders als die unsere ist, dass man sich wirklich total fremd fühlt. Die Völker sind sehr unterschiedlich, aber alle gleichermassen spannend. Auch die Landschaft bietet alles, was man sich vorstellen kann: von der Wüste bis zum tropischen Strand über Dschungel, grossartige Flüsse und die Berge des Himalaya … alles atemberaubend und einzigartig. Und es ist so einfach, sich von dem (noch nicht sehr entwickelten) Tourismus zu entfernen, dass dieses riesige Gebiet ein Paradies für Reisende ist, die auf der Suche nach Originalität sind.

Das Wandern gilt als Slow Travel par excellence. Man trifft viele Leute und kann die Landschaft viel intensiver wahrnehmen. Aber ist man dabei nicht manchmal sehr erschöpft und frustriert?

Ja und nein. Man kann frustriert sein, wenn man nicht durch bestimmte Zonen gehen darf, zumindest nicht einfach so und ohne Risiko, oder wo die Verpflegung schwierig ist. Man kann von einer Wüste frustriert sein, in der man das Gefühl hat, dass man nicht vorwärtskommt. Man kann auch an Tagen der Erschöpfung unzufrieden sein, an denen die Autos auf der Strasse an einem vorbeirasen, während man nur in kleinen Schritten vorankommt. Doch das Gehen an sich ist eine solche Quelle des Glücks und Reichtums, dass es schwierig ist, darüber frustriert zu sein. Man kann davon allerdings schon erschöpft sein, das ist klar. Wir hatten einen ziemlich hohen Energieverbrauch, obwohl wir im Durchschnitt nur 25 Kilometer am Tag wanderten, und wir mussten ständig auf Energiezufuhr achten und schliefen nachts 12 Stunden. Quentin hat in acht Monaten 27 kg verloren und Mariette 8 kg! Nicht nur durch das Wandern, sondern es kam eine gewisse Erschöpfung hinzu, die zu Krankheiten führte (das Denguefieber und eine Salmonellose, um genau zu sein), das Ganze hat uns ziemlich geschwächt. Wir waren nicht sicher, ob wir unseren Weg würden beenden können, aber nachdem wir uns etwas bei im Ausland lebenden Freunden erholt hatten, sind wir wieder aufgebrochen! Schliesslich sind wir entkräftet am Ende des Mekongs angekommen, aber die Glücksgefühle, die wir dabei empfanden, waren so stark, dass wir es freiwillig noch einmal tun würden.

Ihr seid beide Fotografen und Mariette hat eure Reise in Comics nacherzählt. Sind eure Berufe eine Folge eurer Reisen oder habt ihr sie schon vorher ausgeübt?

Quentin hat schon immer fotografiert, aber bis dato als Freizeitfotograf. Mariette hingegen hat eine künstlerische Ausbildung, die unter anderem Kurse in Fotografie beinhaltete. Doch erst auf unseren Reisen konnte Quentin Mariette davon überzeugen, dass sie das Fotografieren ernsthaft betreiben sollte, und seit wir in Neuseeland waren, haben wir begonnen, Fotos zu verkaufen. Der Beruf des Fotografen kam von selbst, als wir wieder zu Hause waren und die Lust und die Nachfrage da waren. Was die Comics betrifft, hat Mariette schon immer gezeichnet und auf den Reisen kritzelte sie regelmässig etwas. Der erste Comic entstand während des Tongariro Alpine Crossings am Ende des Winters mit zwei Freunden, wovon einer Koch war. Wir befanden uns auf den eingeschneiten Gipfeln der Vulkane Neuseelands auf einer 20 Kilometer langen Wanderung, und da auch wir gerne kochen und essen, hatten wir den ganzen Tag damit zugebracht, vom Essen und von unseren Lieblingsrezepten zu reden. Das war so eine ungewöhnliche Situation, dass sie es gleich nachkritzelte, als wir wieder zu Hause waren. Dann fing sie damit an, alle Szenen unseres Alltags, die uns lustig und unglaubwürdig erschienen, zu zeichnen … die Comics kamen bei den Leuten auf unserer Website super an und jetzt haben wir den ersten Comic-Sammelband herausgegeben!

BLANDINE

Wie haben deine Freunde und Verwandten reagiert, als du ihnen von deinen Reiseplänen erzählt hast?

Die meisten waren etwas besorgt, aber nicht überrascht, weil sie meine Leidenschaft fürs Reisen langsam verstehen. Um sie so gut wie möglich zu beruhigen, erzählte ich zunächst, dass ich ein sechsmonatiges Praktikum in Australien machen würde. Erst sechs Monate vor meiner Abreise habe ich die Idee der Weltreise verbreitet. Oft hörte ich Dinge wie «Das ist zu gefährlich, das ist zu weit, das ist zu lange». Die meisten meiner Freunde und Verwandten sind keine grossen Reisenden und würden ihren Alltag nicht länger als für einen Monat hinter sich lassen.

 **Blandine**

 **Lüttich BELGIEN**

 Alter zu Beginn der Weltreise **24 JAHRE**

 1000decouvertes4roulettes.com

0	2	4	6	8	10	12	14	16	18	20	22	24	26	28	30

 DAUER DER REISE - 12 MONATE

 ABREISE **01.09.16**

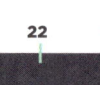 € Budget **16 000 €**

Beruf vor der Abreise
STUDENTIN
(Master der Übersetzung in Lille)
Beruf nach der Rückkehr
WAHRSCHEINLICH ÜBERSETZERIN

ART DES URLAUBS **ENDE DES STUDIUMS**

 15 LÄNDER BESUCHT

CHINA - JAPAN - VIETNAM - KAMBODSCHA - SINGAPUR - NEUSEELAND - AUSTRALIEN (7 MONATE) - NEUKALEDONIEN - FRANZÖSISCH- POLYNESIEN - CHILE - BRASILIEN

 19 Flüge (+ 5 kurze Inlandsflüge in Polynesien)

 Art des Flugtickets
NACH UND NACH
GEKAUFTE FLUGTICKETS

 **Kg** Gewicht des Gepäcks **13 KG**

Du reist im Rollstuhl. Was sind die grössten Herausforderungen, mit denen du bezüglich Logistik konfrontiert warst? Wie hast du rollstuhlgeeignete Unterkünfte gefunden?

Da ich mit dem Rollstuhl unterwegs bin und mir auch generell Sorgen um die Gesundheit machen muss, musste ich die Reise penibel vorbereiten. Ich kann nicht einfach improvisieren oder unterwegs die Reiseroute ändern. Flüge gehören bei Weitem zu den kompliziertesten Dingen, weil es immer sein kann, dass man mir den Zustieg mit meinem Rollstuhl verweigert (ist bereits vorgekommen) oder er während des Flugs beschädigt wird. Was die Unterkünfte betrifft, kontaktiere ich immer das Hotel direkt und bitte um detaillierte Informationen über die Barrierefreiheit. Wenn ich Zweifel habe, bitte ich um Fotos. Da jede Person wegen ihrer Behinderung (und des Rollstuhls) andere Bedürfnisse hat, ist die Aussage «barrierefrei» auf einer Website nicht sehr aussagekräftig.

2015 bist du bereits in 40 Tagen durch Europa gereist. Würdest du sagen, dass die Barrierefreiheit in Europa besser ist? Gibt es Länder, in denen es komplizierter war, herauszufinden, wie gut die Barrierefreiheit ist?

Europa ist im Allgemeinen recht barrierefrei, vor allem was die Transportmittel betrifft, aber es gibt grosse Unterschiede zwischen den einzelnen Ländern und sogar zwischen den Städten eines Landes. Australien, Neuseeland und die USA haben sehr strenge Gesetze in Bezug auf Barrierefreiheit und die Grossstädte sind meist gut zugänglich. In Asien war ich sehr beeindruckt vom Konzept des «universellen Designs», das in Singapur entwickelt wurde. Das ist für mich die barrierefreieste Stadt der Welt. Vietnam und Kambodscha sind bei Weitem die am wenigsten zugänglichen Länder, die ich besucht habe, aber paradoxerweise sind es auch die Länder, die am wenigsten Vorbereitung benötigen. Die Leute waren äusserst gastfreundlich und aufmerksam, sodass ich alles anschauen konnte, was ich sehen wollte, selbst an absolut unzugänglichen Orten wie der Halong-Bucht und den Tempeln von Angkor!

Wie organisierst du den Transport? War es einfach, Möglichkeiten zu finden, die an deinen Rollstuhl angepasst sind, ob in den Städten oder ausserhalb?

Ich war immer lieber mit den örtlichen Transportmitteln unterwegs und vorzugsweise so billig wie möglich. Mein Rollstuhl ist relativ leicht (20 kg) und zerlegbar. Daher bin ich nicht auf behindertengerechte Fahrzeuge angewiesen. Der Kofferraum eines Taxis in China, der Gang eines Zuges in Vietnam, Autorikscha und Piroge in Kambodscha, der Gepäckraum von Bussen in Neuseeland... mein Rollstuhl hat schon alles mitgemacht! Und wenn nötig hat man mir fast immer beim Einsteigen geholfen.

Was war denn das grösste Highlight in Bezug auf die Landschaft?

Ganz ehrlich, Neuseeland! Weniger fremd als Asien, aber die Landschaften sind einzigartig: wilde Strände, majestätische Fjorde, Seen mit unglaublichen Farben, Hügel mit einem satten Grün, Vulkane, Gletscher, Berge... so eine Vielfalt an Landschaften auf einer so kleinen Fläche, das ist einfach magisch.

Ein Ort, der nicht unbedingt touristisch ist, den du aber empfehlen kannst?

Im Allgemeinen China. Ich habe absichtlich die zwei touristischsten Länder Asiens ausgelassen (Thailand und Indonesien), aber ich habe trotzdem viele europäische Backpacker in Vietnam und Kambodscha getroffen. In China sind sehr wenige unterwegs, dort ist man total fremd. Die meisten Chinesen sprechen nicht ein Wort Englisch, aber das hinderte sie nicht daran, mir sofort zu Hilfe zu eilen, wenn ich Hilfe benötigte. Einige chinesische Gewohnheiten können einen zunächst verwundern, aber die meisten Chinesen sind offen und gastfreundlich.

Was waren die grössten Probleme auf der Reise?

Mein erster Tag in Japan. Die Probleme haben bereits begonnen, als ich den Flughafen verlassen wollte. Die Bahnangestellten wollten mich nicht mit dem Rollstuhl in den Zug lassen, weil sie meinten, dass dieser von den japanischen Behörden nicht «amtlich anerkannt» sei. Nachdem ich mehrere Stunden lang verhandelt hatte, konnte ich schliesslich doch einsteigen, aber als ich in Kyoto ankam, wollten mich die Besitzer der reservierten Unterkunft (die allerdings über meine Behinderung informiert waren) nicht hineinlassen! Da sass ich also, mit all meinem Gepäck, um 23 Uhr, allein in einem Land, in dem ich niemanden kannte... ich habe dann schliesslich doch noch ein anderes Hotel gefunden (dreimal so teuer), aber die Probleme mit dem Transport zogen sich durch den Rest des Aufenthalts.

Was war das seltsamste Gericht, das du gegessen hast, und wo war das?

Krokodil und Emu, in Australien. Es war nicht schlecht, der Geschmack war ähnlich wie bei Hühnchen! In Vietnam habe ich Hundefleisch gesehen, in Kambodscha Spiesse mit Vogelspinnen und Skorpionen, aber ich habe mich nicht getraut, das zu probieren.

Wenn du jemandem, der morgen abreist, nur einen Rat geben könntest, was würdest du ihm sagen?

Verschiebe nie deine Träume, wenn du sie heute in die Tat umsetzen könntest!

CHARLEX

Wie haben eure Freunde und Familie reagiert, als ihr ihnen von euren Reiseplänen erzählt habt? Welchen Satz habt ihr am häufigsten zu hören bekommen?

«Habt ihr ein Glück!» Obwohl das Glück nichts damit zu tun hat! Wir hatten Glück, dass wir dort auf die Welt kamen, wo wir es sind, und dass wir dort leben, wo wir es tun. Doch jeder, der in der Schweiz oder in Frankreich lebt, kann auf Reisen gehen. Man muss sich nur trauen! Die Reaktion unserer Freunde und Familie ist nicht so erwähnenswert. Jeder weiss, dass wir gerne reisen. Es hat also niemanden überrascht, als wir von unserer Weltreise erzählt haben. Unsere Eltern äusserten natürlich schon ein paar elterntypische Bedenken. «Werdet ihr denn wieder Arbeit finden können? Erarbeitet ihr so nicht zu wenig Rente?» Nach ein paar Beruhigungsmitteln und einigen guten Gesprächen waren alle entspannt.

 **Charline und Alex**

 Bordeaux **FRANKREICH** Vevey **SCHWEIZ**

 Alter zu Beginn der Weltreise **25 & 29 JAHRE**

 www.charlexs-world.com

0 2 4 6 8 10 12 14 16 18 20 22 24 26 28 30

 DAUER DER REISE – 20 MONATE

 01.04.16

 Gesamtbudget für die Weltreise **50 000 €**

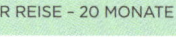 Beruf vor der Abreise **PFLEGEHELFERIN** Beruf nach der Rückkehr **PFLEGEHELFERIN**

Beruf vor der Abreise **INGENIEUR** Beruf nach der Rückkehr **INGENIEUR**

16 LÄNDER BESUCHT

27 VOLS

PANAMA - KOLUMBIEN - ECUADOR - PERU - BOLIVIEN - INDIEN - NEPAL - THAILAND - LAOS - PHILIPPINEN - INDONESIEN - AUSTRALIEN - HAWAII - MEXIKO - GUATEMALA - BELIZE

 ART DES URLAUBS **Kündigung**

 Art des Flugtickets **NACH UND NACH GEKAUFTE FLUGTICKETS**

 Gewicht des Gepäcks C: 17 KG A: 21 KG

Die Wohnung: Was habt ihr während der Weltreise mit euren Sachen gemacht?
In unserer 49 Quadratmeter grossen Wohnung hatten wir sowieso nicht viel. Nachdem wir acht 110-Liter-Müllsäcke mit Kleidung von Charline weggegeben hatten, blieben eigentlich nur noch billige Möbel übrig. Unser Bett haben wir im Keller von Alex' Bruder zwischengelagert, ebenso wie ein paar Bücher und etwas Dekoration für die Wand. Den Rest haben wir direkt weggegeben oder weggeworfen. Abgesehen davon haben wir noch ein Dutzend Kartons übrig und etwas Kleidung bei unseren Eltern. Es tut total gut, wenn man nichts Unnützes mehr besitzt!

Wie seid ihr auf die Idee gekommen, eine Weltreise zu machen? Gab es einen Auslöser?
Wir haben uns auf einer Reise kennengelernt. Das ist bereits ein Indikator für die gemeinsamen Interessen. Wir beide lieben das Reisen und vielleicht hatten wir beide bereits heimlich diese Idee, noch bevor wir uns kennenlernten. Es brauchte nur noch einen Trigger, um diese Idee in die Tat umzusetzen. Und das war unser Kennenlernen.

Könnt ihr uns in ein paar Worten eine der schönsten Begegnungen während der Reise schildern?
Wir hatten viele wunderbare Begegnungen, da ist es schwierig, eine auszuwählen. Und sie werden uns alle gleichsam in Erinnerung bleiben. Wir nehmen die erste in der zeitlichen Abfolge: Nide in Panama City, unserer ersten Station. Nide war ein Couchsurfer, bei dem wir fast eine Woche lang untergebracht waren. Er hat uns deutlich mehr geboten als nur sein Sofa. Obwohl er arbeitete, hat er uns trotzdem einen ganzen Abend lang mit dem Auto durch die Stadt geführt und uns die wichtigsten Sehenswürdigkeiten gezeigt. Abgesehen von der Tatsache, dass er sechs Sprachen spricht, sticht er auch noch als eine Person hervor, die Sandwiches für das Picknick seiner Couchsurfer zubereitet, bevor er zur Arbeit geht. Dieser Typ ist ein Schatz! Wir würden gerne noch einmal nach Panama fahren, allein um ihn wiederzusehen.

Was war das seltsamste Gericht und wo habt ihr es gegessen?
Balut. Dieses Gericht findet man auf den Philippinen und die Philippiner sind ganz versessen darauf. Das ist ein teilweise ausgebrütetes Ei (zwischen 10 und 18 Tagen) und man isst es wie ein hartes Ei mit Salz und Zitrone (obwohl wir keine Zitrone bekommen haben). Man kann sich vorstellen, in welchem Zustand sich der Fötus des Kükens befindet, wenn man das Ei öffnet... also, das war nicht gut! Übrigens gibt es darüber ein Video in unserer Rubrik «Angenommene Herausforderungen» (Défis relevés).

Was waren die grössten Probleme auf der Reise?
Die Abreise vom Around-the-Annapurna-Trekk in Nepal. Die Busfahrt war bereits... krass! Der Bus schwankte auf einer Piste 200 Meter über dem Nichts hin und her. Das war nicht gerade toll, irgendwann sogar so schlimm, dass wir aussteigen mussten, weil Charline eine Panikattacke hatte (die erste in ihrem Leben!). Da hätte Alex sie am Liebsten umgebracht. Doch was wirklich als grosses Problem hätte enden können, hat schliesslich dank zweier barmherziger Samariter ein gutes Ende genommen. Die Busfahrt wurde auf zwei Tage aufgeteilt, das heisst eine Übernachtung war nötig. Wir hatten genügend Geld dabei, hatten aber nicht mit den mit einem «Nationalfeiertag» begründeten Wucherpreisen der Busfahrer gerechnet (Anmerkung: Davon scheint es in diesem Land ziemlich viele zu geben!). Zum Glück haben uns unsere Kumpels Will und Rox, die wir drei Tage zuvor kennengelernt hatten, aus der Patsche geholfen. Sie sind übrigens richtig gute Freunde geworden. Schliesslich hatten wir auf der 20-monatigen Reise keine einzige wirklich heikle Situation. Wir klopfen auf Holz und hoffen, dass es so bleibt!

Habt ihr den Eindruck, dass euch diese Reise verändert hat? Wenn ja, auf welche Weise?
Alex: Ich habe jetzt überhaupt keine Angst mehr vor Verunsicherungen. Wenn ich in der Zukunft einmal wieder diesen Drang spüren sollte, dann wird es mir viel leichter fallen, alles loszulassen und einen neuen Weg einzuschlagen, auf die Gefahr hin, dass ich dann eine Weile in einer unsicheren Situation leben muss. Andererseits hilft das Reisen, damit man sich darüber klar wird, was man wirklich braucht und wie viele unnütze Dinge man ansammelt. Auch die Geschwindigkeit, mit der diese 20 Monate vergangen sind, zeigt mir, wie schnell die Zeit vergeht. Das motiviert mich umso mehr, mich voll und ganz unseren Projekten zu widmen, wenn wir wieder zu Hause sind. Denn wir haben tatsächlich schon eine ganze Reihe Projekte. Das treibt uns an.
Charline: Vor dieser Weltreise hatte ich immer das Bedürfnis, alles kontrollieren zu müssen. Mir fiel es nicht schwer, die Monate (oder sogar Jahre) im Voraus mit Reisen oder unterschiedlichen Projekten zu verplanen. Dank dieser langen Reise habe ich gelernt, loszulassen und das Leben so zu nehmen, wie es ist, ohne zu sehr nachzudenken. Und ich muss sagen, dass es eine fantastische Sache ist, wenn man sich einfach fallen lässt und Platz für Unvorhergesehenes und Überraschungen lässt! Beim Reisen habe ich aber auch realisiert, dass wir Glück haben, in Ländern wie Frankreich und der Schweiz zu wohnen. Wir neigen immer dazu, uns über alles Mögliche zu beschweren, doch es fällt uns immer schwerer zu sehen, was gut läuft. Ich kann nur sagen, wenn man das Gesundheitssystem in Laos oder das Schulsystem in Bolivien sieht, oder auch die öffentlichen Transportmittel in Indonesien oder in Nepal, dann hört man schnell auf, sich zu beschweren.

FAMILY GLOBE EXCHANGE

Wie haben eure Freunde und Familie reagiert, als ihr ihnen von euren Reiseplänen erzählt habt?

Sehr positiv, sie haben das Projekt und den Mut, es mit der Familie umzusetzen, begrüsst. Am häufigsten haben wir sicher zu hören bekommen, dass wir verrückt sind, weil wir so ein Projekt mit Kindern machen.

Ihr habt euch für den Haustausch entschieden, wie ist euch diese Idee gekommen?

Seit Beginn des Projekts hatten wir ins Auge gefasst, mit Rucksäcken, aber auch mithilfe des Haustauschs zu reisen. Wir sind schon seit einigen Jahren Anhänger des Haustauschs und für uns entspricht diese Art des Reisens voll und ganz unserer Lebensphilosophie, dem Wunsch nach Begegnungen und Teilen. Als wir mit unseren Anfragen und Recherchen begannen, haben wir verstanden, dass es nicht einfach sein würde, alles zu organisieren, denn wir mussten alles vor unserer Abreise dingfest machen. Doch auch hier haben wir uns nicht demotivieren lassen und monatelang Kontaktanzeigen an Haustauscher in der ganzen Welt geschickt. Wir haben vorab 18 Haustauschaktionen in der ganzen Welt abgeschlossen, von Asien und Ozeanien über Südamerika bis zu den USA, kurz gesagt, ein fantastisches Haustausch-Abenteuer!

 Audrey, Fabien, Hugo, Raphaël und Camille

 Yzernay **FRANKREICH**

 Alter zu Beginn der Abreise **35, 35, 9, 8 & 6 JAHRE**

 ABREISE 01.07.16

0	2	4	6	8	10	12	14	16	18	20	22	24	26	28	30

 DAUER DER REISE - 12 MONATE

 Beruf vor der Abreise **Sportlehrer** Beruf bei der Rückkehr **Sportlehrer**

 Kg Gewicht des Gepäcks **Audrey 15 KG - Fabien 20 KG Hugo 4 KG - Raphael 4 KG Camille 3 KG**

 www.familyglobeexchange.com

15 LÄNDER BESUCHT

20 FLÜGE

HONGKONG - CHINA - VIETNAM - KAMBODSCHA - MALAYSIA - THAILAND - MYANMAR - INDONESIEN - AUSTRALIEN - NZ - ARGENTINIEN - CHILE - BOLIVIEN - PERU - USA

 Art des Flugtickets **AROUND-THE-WORLD-TICKET MIT ZIPWORLD**

 Gesamtbudget für die Weltreise **60 000 €**

Wie haben eure Kinder reagiert, als ihr beschlossen habt, dass ihr verreisen wollt? Waren sie glücklich, beunruhigt, hatten sie Angst, dass sie ihre Freunde nicht mehr sehen würden?

Unsere Kinder waren sofort von dem Projekt begeistert, hatten aber so ihre Ängste, Zweifel und Fragen. Ich denke, das Schwierigste für sie war wohl zu verstehen, was eine Weltreise ist. Das war für die Kinder sehr abstrakt. Wir konnten ihnen so viele Fotos von den Ländern und Weltkarten zeigen wie wir wollten, es blieb sehr unklar. Ich denke, dass sie das Projekt nach und nach im Laufe der Monate, der Vorbereitungen, der Einkäufe verstanden. Sie haben sehr schnell begriffen, dass wir etwas ganz Besonderes erleben würden. Sie hatten keine Sorge, dass sie ihre Freunde nicht mehr sehen würden. Allerdings haben sie ihnen auf der Reise schon ab und zu gefehlt. Wir haben versucht, alles so angenehm wie möglich für sie zu gestalten, eine Abschiedsfeier am Jahresende, bei der sie einen ganzen Tag lang Zeit mit ihren Freunden verbringen konnten, sich aber auch ausserhalb der Schule verabschieden konnten. Von Beginn an, schon während der Vorbereitungen, konnten wir eine so starke Anpassungsfähigkeit feststellen, dass sie uns verblüfft haben, aber das war nichts im Vergleich zum Rest der Reise. Kinder sind wesentlich anpassungsfähiger als Erwachsene und haben ungeahnte Ressourcen.

Eine schöne Anekdote über eine Begegnung, die ihr mit uns teilen wollt?

Wir haben ganz tolle Leute getroffen, aber eine ganz besondere Begegnung war die erste in Hongkong mit einem jungen Mann, der uns ansprach, um uns dabei zu helfen, uns zurechtzufinden. Dieser Mann hat für uns den Bus bezahlt, weil der gerade losfuhr und wir keine Zeit hatten, Geld abzuheben – er hat uns bis zur Endstation begleitet. Seine Frau erwartete uns dort mit ein paar Flaschen kühlem Wasser und er hatte uns ein Taxi zu unserem Haus reserviert. Wir stiegen aus dem Flugzeug aus, machten unsere ersten Schritte in China und ein Mann, den wir überhaupt nicht kannten, erteilte uns unsere erste fabelhafte Lehrstunde des Lebens.

Das untypischste Transportmittel, mit dem ihr während eurer Weltreise unterwegs wart?

Es ist nicht ganz einfach, das untypischste Transportmittel zu wählen. Die Kinder werden sich an die Elektromopeds in Bagan erinnern, auf denen wir zu dritt gefahren sind. Das ist in der Tat ganz anders als ihr Alltag in Frankreich. Wir hatten dreimal einen Platten (oder eine leere Batterie) und wir sind auf der Ladefläche eines Viehtransporters mitgefahren, eng zusammengepfercht wie Maultiere und natürlich mit unseren Elektromopeds. Im Nachhinein lachen wir darüber, aber in dem Moment war es weniger lustig, sagt die Mama.

Was habt ihr in Bezug auf den Unterricht der Kinder unternommen?

Ach, das Schreckgespenst jeder Familie auf Reisen. Die Schule, dieses so wichtige, aber auf Reisen so sekundäre Element. Um ganz ehrlich zu sein, haben wir uns am Anfang keinen oder wenig Handlungsspielraum gelassen, das heisst, wir machten jeden Tag Unterricht, auch wenn wir sahen, dass es überhaupt nicht produktiv war, weil wir alle sehr müde waren. Sehr schnell, zu schnell? Also haben wir eingelenkt und jetzt machen wir nur noch Unterricht, wenn wir uns länger an einem Ort aufhalten, also wenn wir uns alle aufnahmefähig fühlen. Wir haben auch gelernt, uns nicht schuldig zu fühlen und uns zu sagen, dass dieses Jahr eine schulische Zwischenpause ist, dass wir ihnen die Möglichkeit geben, viele Entdeckungen und Begegnungen zu machen, Zugang zu Schätzen und unterschiedlichen Kulturen ermöglichen, aber auch dass wir ihnen ein kulturelles Rüstzeug, Zugang zu unterschiedlichen Sprachen und Wissen bieten.

Wie hat die Weltreise eure Familie, eure Kinder beeinflusst? Habt ihr euch verändert?

Diese Weltreise hat uns total verändert. Wir hatten sicherlich auch schwierige Augenblicke, denn es ist nicht einfach, von heute auf morgen rund um die Uhr mit seinen Kindern zusammen zu sein, aber wir behalten auch die vielen wunderbaren Augenblicke in Erinnerung, in denen wir alle zusammen Entdeckungen und Innigkeiten geteilt haben. Diese Weltreise hat unsere Verbundenheit für immer stärker gemacht, wir haben Tausende von Anekdoten und Begegnungen, die nur wir erlebt haben. Wir Eltern werden uns für immer an ihre leuchtenden Augen erinnern, als sie die Landschaften der Welt entdeckten, als sie lachten und mit den neuen Freunden, die sie unterwegs kennengelernt hatten, spielten, und an ihre einfachen Worte, die uns zeigten, dass sie glücklich sind, an ihren Dank, der uns berührt hat, an ihre Lust, die Welt zu durchstreifen, wenn sie einmal gross sind. Aber auch an ihre Grimassen, wenn ihnen untypische Gerichte nicht schmeckten, ihre traurigen Blicke, wenn sie sich in einer Situation befanden, die ihnen zu viel war. Kurz gesagt, mit diesem Abenteuer sind wir alle gewachsen, haben wir alle dazugelernt. Mit Wehmut merken wir, wie sich die Reise dem Ende zuneigt, sie uns auf den letzten Kontinent unseres Abenteuers führt, aber wir werden vor allem mit einem fröhlichen Herzen voll mit den Begegnungen, diesem Leben, das wir ein Jahr lang geführt haben, zurück ins süsse Frankreich kehren, das uns manchmal sehr gefehlt hat. Während dieses Jahres konnten wir das Leben voll und ganz geniessen und Zeit zusammen verbringen. Unsere Auszeit war äusserst schön und uns bleibt zum Abschluss nur noch ein Satz: Eine Reise mit der Familie ist eine Lebensreise, die Reise unseres Lebens.

ISABELLA

Wie haben deine Freunde und Familie reagiert, als du ihnen von deinen Reiseplänen erzählt hast?

Innerhalb meiner Familie war die Reaktion vorhersehbar, sie hatten Angst und waren besorgt, dass ich allein für so lange Zeit unterwegs sein würde. Diese Befürchtungen haben sich im Lauf der Reise gelegt, doch ich glaube, dass die Reaktion meiner Familie dieselbe wäre, wenn ich noch einmal losziehen würde.

Bei meinen Freunden und Kollegen hat die Neuigkeit hingegen echten Enthusiasmus hervorgerufen. Meistens hörte ich Sätze wie: «Du bist aber mutig», oder: «Was für ein Glück!», mit mehr oder weniger Anspielungen in manchen Fällen. Mehrere Freunde und Kollegen haben mir Geschichten von Leuten erzählt, die allein aufgebrochen sind und unterwegs ihrer verwandten Seele begegnet sind. Ich weiss nicht, ob das für sie bedeutet, dass ich mutig war, allein zu verreisen und ob sie auch gern allein losziehen würden, aber nicht den Mut dazu haben.

 **Isabella**

 La Chaux-de-Fonds **SCHWEIZ**

 Alter zu Beginn der Weltreise **40 JAHRE**

 www.chauxmelemonde.com

0	2	4	6	8	10	12	14	16	18	20	22	24	26	28	30

  DAUER DER REISE - 11 MONATE

 **ABREISE** August 2012

 Gesamtbudget für die Weltreise **21 000 €**

 Beruf vor der Abreise **WIRTSCHAFTSINFORMATIKERIN** Beruf nach der Rückkehr **WIRTSCHAFTSINFORMATIKERIN**

 ART DES URLAUBS Ende der Festanstellung

10 LÄNDER BESUCHT

INDONESIEN - THAILAND - BURMA - LAOS - KAMBODSCHA - NEUKALEDONIEN - NEUSEELAND - CHILE - ARGENTINIEN - BOLIVIEN

16 FLÜGE

 Art des Flugtickets **AROUND-THE-WORLD-TICKET + NACH UND NACH GEKAUFTE FLÜGE**

 Gewicht des Gepäcks **13 KG**

Was hast du mit deiner Wohnung und mit deinen Möbeln gemacht?

Ich habe mich entschieden, alles loszulassen, um mit einem ruhigen Gewissen weggehen zu können. Wenn ich es noch einmal tun würde, würde ich die Wohnung vielleicht untervermieten, denn nach einer einjährigen Reise ist es nicht leicht, eine Wohnung zu finden, ohne Arbeit oder Lohnausweis.

Was ist die grösste Herausforderung, wenn man allein reist? Ist es ein Vorteil oder ein Nachteil, eine Frau zu sein, oder macht es keinen Unterschied?

Ich glaube, es ist eher von Vorteil. Doch man muss immer aufpassen und seinem gesunden Menschenverstand und seinem Instinkt vertrauen. Es gibt Leute, bei denen man eine gewisse Neugierde weckt, aber die meisten Leute wollen einer allein reisenden Frau vor allem helfen, sie wollen ihr Tipps geben, welche Stadtviertel man nachts meiden sollte usw. Ein negativer Aspekt, wenn man allein reist, sind die Fahrten. Es ist kompliziert, wenn man sich nie von seinem Rucksack trennen kann, zum Beispiel wenn man einmal auf die Toilette gehen oder sich an einem Schalter anstellen möchte. Das Gleiche gilt für die Unterkunftssuche, der eine kann auf die Rucksäcke aufpassen, während der andere die Unterkünfte erkundet. Eines Tages diskutierte ich ziemlich lange mit zwei Mönchen im Norden von Thailand, sie konnten wirklich nicht verstehen, warum eine Frau allein reist, und sie rieten mir, in die Schweiz zurückzukehren, zu heiraten und dann nur mit meinem Mann zu verreisen.

Ein Ort, der nicht unbedingt touristisch ist, den du aber empfehlen kannst?

Der Nordwesten Argentiniens ist nach wie vor wenig touristisch, Städte wie Cordoba und Mendoza und die Provinz Rioja, wo man den unglaublichen Nationalpark Talampaya besichtigen kann, von dem ich vor meinem Aufenthalt in Argentinien noch nie gehört hatte.

Was waren die grössten Probleme auf der Reise?

Ich gebe zu, dass ich keine grösseren Probleme auf der Reise hatte. Kein Diebstahl, nichts ist verloren gegangen, ich war nicht krank und hatte keinen schlimmen Unfall (ausser für einige Tage starke Schmerzen in einem Bein). Ich hatte keine Probleme beim Zoll und mein Rucksack ist nur einmal bei meiner Ankunft in Neukaledonien abhanden gekommen. Eine kleine Anekdote: Ich hatte fünf Wäscheklammern mitgenommen (die ich fast nie verwendet habe), die bei meiner Rückkehr nicht mehr in meinem Rucksack waren. Das ist das Einzige, was ich auf meiner Reise verloren habe.

Auf so einer Reise gibt es ja jede Menge landschaftliche Höhepunkte ... kannst du uns einen oder zwei empfehlen, die dich besonders beeindruckt haben?

Das ist ohne Zweifel die Region Sur-Lipez im Süden von Bolivien. Diese Region habe ich am häufigsten empfohlen, denn sie ist einfach unbeschreiblich schön. Geysire, Vulkane, Wüste, Lagunen auf dem Hochplateau, Flamingos usw. Ein ewiges Wunderwerk, einfach magisch. Dort habe ich drei unvergessliche Tage verbracht.

Man spricht oft von der Reise, aber eher selten von der Rückkehr ... wie war sie für dich?

Für mich war am schwierigsten, mit der mangelnden Motivation, der Rückkehr zur Routine und dem Gefühl der Einsamkeit umzugehen. Ich bin vielleicht allein verreist, aber ich habe mich während meiner Weltreise fast nie einsam gefühlt, anders als bei meiner Rückkehr in die Schweiz, wo ich von einem Tag auf den anderen allein war. Eigentlich war ich vor meiner Reise ja daran gewöhnt, allein zu leben, aber erst bei meiner Rückkehr verspürte ich zum ersten Mal das Gefühl der Einsamkeit. Wenn ich reise, habe ich ein starkes Freiheitsgefühl. Es war schwierig, mit dem Verlust dieses Gefühls und mit der Rückkehr zur Routine umzugehen. Heute träume ich davon, unabhängig und frei zu sein. Mein Traum ist es, autark zu leben.

Wenn du jemandem, der morgen abreist, nur einen Rat geben könntest, was würdest du ihm sagen?

Dass er langsam reisen soll, sich Zeit nehmen soll, die Einwohner kennenzulernen, sich an der Schönheit der Landschaft erfreuen und versuchen soll, die Lebensart und die Kultur des besuchten Landes zu verstehen.

Würdest du sagen, dass dich die Reise verändert hat (beruflich, persönlich)? Wenn ja, auf welche Weise?

Ja, die Reise hat mich auf jeden Fall verändert. Man entdeckt Aspekte seiner Persönlichkeit, die man vorher nicht kannte. Man trifft Entscheidungen, von denen man vorher nicht glaubte, dass man dazu fähig sei. Man öffnet sich anderen gegenüber, man hat Vertrauen. Ich glaube, dass die Reise auch eine innere Reise ist, durch die man sich entwickelt. Sie zwingt uns dazu, uns infrage zu stellen, über unsere Vorurteile nachzudenken, zu überprüfen, woran wir glauben.

Macht Reisen deiner Meinung nach süchtig?

Ja, ohne Zweifel. Man will mehr davon und ich denke, dass man im Lauf der Reisen auch anders reisen will und das macht aus der nächsten Reise eine neue Erfahrung, eine neue Möglichkeit, mehr über sich selbst und die Welt zu erfahren. Heute versuche ich anders zu reisen. Ich möchte mich gerne nützlich machen. Ich glaube, ich hatte schon immer eine «solidarische Ader», ohne dass ich sie je in Projekten ausgelebt hätte, die in meinen Augen Sinn machen.

LOVE MAKES A FAMILY

Wie ist euch die Idee für eine Weltreise gekommen? Gab es einen Auslöser?

Natacha hat schon immer gerne im Ausland gelebt. Zwischen 2013 und 2015 lebten wir zwei Jahre lang in Seattle in den USA. Das ist eine Stadt mit viel Natur: viele Parks und Grünflächen, überall Blumen, Berge und Strände. Wir lebten in einem kleinen Haus mit Garten. Die Rückkehr nach Paris war sehr schwer, denn so entstand unsere Lust zu verreisen. Wir sagten uns, dass wir es zwei Jahre lang in Paris aushalten würden, aber nicht länger. Für uns standen die Sterne gut: Wir konnten beide leicht eine Pause im Beruf einlegen, Sacha war schon gross und selbstständig und wir hatten genügend Geld gespart.

 Natacha, Sara und Sacha

 Paris **FRANKREICH**

 Alter zu Beginn der Weltreise **36, 40 & 6 JAHRE**

 www.lovemakesafamily.fr

0 2 4 6 8 10 12 14 16 18 20 22 24 26 28 30

 DAUER DER REISE – 11 MONATE

 Beruf **Produktleiterin**

Profession **Software-Ingenieurin**

Kg Gewicht des Gepäcks Natacha **17 kg** Sara **18 kg** Sacha **2 kg**

 ABREISE 01.08.17

 ART DES URLAUBS Sabbatjahr

16 LÄNDER BESUCHT

11 FLÜGE

CHINA - HONGKONG - THAILAND - LAOS - VIETNAM - KAMBODSCHA - AUSTRALIEN - NEUKALEDONIEN - NEUSEELAND - CHILE - ARGENTINIEN - BOLIVIEN - PERU - KOLUMBIEN - BRASILIEN

 Art des Flugtickets **Around-the-world-Ticket + vor Ort gekaufte Flugtickets**

 Budget **55 000 €** (inkl. Möbellagerung & Umzug)

Wie hat Sacha reagiert, als ihr beschlossen habt, dass ihr verreisen würdet? War er glücklich, besorgt, hat er befürchtet, dass er seine Freunde nicht mehr sehen würde?

Sacha gefiel die Idee der Weltreise sofort. Als er verstand, dass er ein Jahr Schule verpassen würde, war es eine noch bessere Nachricht! Was seine Freunde betrifft, haben wir ihm erklärt, dass wir versuchen würden, andere Familien zu treffen und seine Antwort war: «Super, so kann ich überall auf der Welt Freunde haben.»

Wie handhabt ihr den Unterricht auf der Reise?

Sacha wäre in die 2. Klasse gekommen. Wir haben Hausunterricht beantragt und entschieden, dass wir nicht die Kurse des «Centre National d'Enseignement à Distance» verwenden würden. Wir denken, dass man den Unterricht für die Grundschule tatsächlich selbst machen kann. Wir haben uns den Lehrplan geholt sowie ein Mathematik- und ein Französischbuch und zahlreiche Materialien im Internet gefunden. Wir versuchen jeden Tag eineinhalb bis zwei Stunden Unterricht zu machen, doch wir bleiben flexibel, um uns an das Programm der Reise anzupassen.

Auf der Reise habt ihr das Projekt, dass ihr andere Regenbogenfamilien finden wollt. Gibt es Länder, von denen ihr denkt, dass es dort schwieriger sein wird als in anderen? Habt ihr bestimmte Länder wegen der dort geltenden Gesetze von eurer Reiseroute gestrichen?

Neben dem Konzept «Langzeitreise» wollten wir unserem Abenteuer noch einen zusätzlichen Sinn verleihen. Da kam uns diese Idee. Das war für uns eine Möglichkeit, die Wahrnehmung der Regenbogenfamilien zu verändern, und auch eine Möglichkeit, damit Sacha andere Kinder treffen kann. Die Reiseroute haben wir so geplant, dass wir Länder auslassen, in denen es eine Gefängnis- oder sogar die Todesstrafe für LGBT-Leute gibt. Wir wissen, dass es in einigen Ländern in Asien, wie Thailand, Laos oder Kambodscha, sehr schwierig sein wird, Regenbogenfamilien zu treffen.

In China, eurem ersten Land, habt ihr bereits mehrere Regenbogenfamilien kennengelernt, ebenso wie Paare, die sich Kinder wünschen. Wie habt ihr den Kontakt zu ihnen hergestellt?

Natacha hat im Internet einen Artikel über ein chinesisches Lesbenpaar gefunden, die gerade Zwillinge bekommen haben. Sie hat den Journalisten kontaktiert, der wiederum Kontakt mit einer der beiden Mamas hergestellt hat. Diese Mama hatte gerade eine Diskussionsgruppe für LGBT mit Kinderwunsch in einem chinesischen sozialen Netzwerk gegründet. Sie hat uns Kontakt mit Leuten aus diesem Netzwerk in allen Städten, die wir besuchten, verschafft. Das war wirklich einzigartig, denn die Netzwerke der verschiedenen Städte haben sich zusammengetan und uns manchmal Unterkunft geboten oder uns zum Abendessen oder sogar zu Konferenzen eingeladen. Vier Tage nach unserer Ankunft mussten wir innerhalb von wenigen Stunden eine Präsentation erstellen, weil wir eingeladen waren und unsere Familie und unser Projekt vor etwa 20 Personen vorstellen sollten. Das war eine Premiere!

So eine Reise besteht aus vielen schönen Begegnungen. Gibt es eine oder zwei, die euch besonders beeindruckt haben?

In Schanghai trafen wir uns mit einem lesbischen Paar, Ann und Yan, die uns eine Nacht bei sich aufgenommen haben. Wir hatten viel Zeit, uns über unser Leben auszutauschen. Wir waren beeindruckt von Yan, die Englisch nur anhand amerikanischer TV-Serien gelernt hatte, und sehr berührt von Ann, die sich gerade darauf vorbereitete, ihrer Mutter zwei Tage später zu sagen, dass sie mit einer Frau zusammenlebte und mit ihr eine Familie gründen wolle.

Was war das seltsamste Gericht, das ihr gegessen habt, und wo war das?

In Xian in China waren wir bei den Eltern einer jungen lesbischen Frau, die wir kennengelernt haben, eingeladen. Sie haben uns wie Könige empfangen und sehr viele Gerichte zubereitet. Eines davon waren sogenannte 1000-jährige Eier. Sie sind blau und das Eiweiss ist geleeartig. Das sind genau genommen Eier, die mehrere Wochen lang gegärt hatten.

Hattet ihr irgendetwas dabei, das ihr nie verwendet und schliesslich unterwegs weggeworfen habt?

Ein Handstativ für das Smartphone und Batterien, einige Spielsachen für Sacha, vor allem Bausteine und Pokémon-Karten, die echt schwer waren.

LUCIE

Wie haben deine Freunde und Familie reagiert, als du ihnen von deinen Reiseplänen erzählt hast?

Sie haben mir nicht geglaubt, als ich es drei Jahre vor der Abreise angekündigt habe, aber als sie sahen, wie entschlossen ich war und dass ich immer mehr Geld ansparte, wussten sie, dass ich es tun würde.

Am häufigsten habe ich sicher zu hören bekommen: «Eine Weltreise, das geht nicht, da braucht man viel Geld dafür», und «Fahr nicht nach Kolumbien, das ist zu gefährlich.»

Was hast du mit deiner Wohnung und deinen Möbeln gemacht?

Ich wohnte in einer WG in London, also habe ich eine neue Mitbewohnerin gesucht und bin weggefahren. Ich habe so viele von meinen Sachen wie möglich verkauft, Bücher und Kleidung, Papierkram habe ich weggeworfen und der Rest blieb bei meinen Eltern.

 **Lucie**

 Charente-Maritime **Frankreich**

 Alter zu Beginn der Weltreise **26 JAHRE**

 Voyagesetvagabondages.com

0	2	4	6	8	10	12	14	16	18	20	22	24	26	28	30

✈ DAUER DER REISE – 15 MONATE

 **ABREISE** 01.09.12

€ Gesamtbudget für die Weltreise **20 000 €**

 Beruf vor der Abreise **Leiterin der Übersetzungsabteilung eines Verlags**
Profession au retour **Reisebloggerin & selbständige Übersetzerin**

ART DES URLAUBS KÜNDIGUNG

18 LÄNDER BESUCHT

ENGLAND - ISLAND - USA - KOLUMBIEN - ANTARKTIS - ARGENTINIEN - CHILE - PARAGUAY - NEUSEELAND - AUSTRALIEN - INDONESIEN - HONGKONG - JAPAN - CHINA - LAOS - KAMBODSCHA - BURMA - THAILAND

19 FLÜGE

 Art des Flugtickets **NACH UND NACH GEKAUFTE FLUGTICKETS**

 Kg Gewicht des Gepäcks **14 KG**

Wie bist du auf die Idee gekommen, eine Weltreise zu machen? Gab es einen Auslöser?
Ich habe schon immer vom Reisen geträumt. Aber da ich aus einem bescheidenen Umfeld komme, dachte ich nicht, dass es möglich wäre, zu reisen, zumindest nicht so lange. Als ich anfing, dem Blog von Sarah zu folgen, merkte ich, dass es für alle möglich war, wenn sie nur entschlossen genug waren, und das bin ich. Sarah war mein Auslöser! www.leblogdesarah.com

Was ist die grösste Herausforderung, wenn man allein reist? Ist es ein Vorteil oder ein Nachteil, eine Frau zu sein, oder macht es keinen Unterschied?
Ich weiss nicht, ob es eine Herausforderung ist, aber ich mag es, alles von A bis Z zu organisieren, von der Unterkunft bis zur Reiseroute, dem Geld, der Sprache, dem Essen, auf die Rucksäcke aufpassen, zu planen, was danach kommt, usw. Es ist gleichzeitig ein Vor- und ein Nachteil, je nach Situation. Als Frau ist es leichter, per Anhalter zu fahren, aber man muss viel mehr auf die Sicherheit aufpassen.

Was war das grösste Problem auf der Reise?
Mit der Zeit vergisst man die Probleme… aber vielleicht war es der Tag, an dem ich mich beim Kauf eines Zugtickets vertan hatte und ich zusammen mit einem Schweizer 70 Kilometer vor unserem Ziel, Xian, um 18 Uhr irgendwo in der Prärie ausgestiegen bin. Da standen wir also, umringt von etwa 50 Taxifahrern, die davon träumten, uns für einen utopischen Preis hinzufahren… also Taxis in China, das ist wirklich ein Problem!

Eine schöne Anekdote, die du mit uns teilen möchtest?
Ich habe wirklich sehr viele Leute auf dieser Reise getroffen, aber ich muss meine Freundin Sarah erwähnen, eine Deutsche, die ich am Anfang meiner Reise in Philadelphia kennenlernte. Ich hatte sie bereits in der Jugendherberge in NYC gesehen, sie schien sympathisch zu sein, aber sie war beschäftigt, daher habe ich sie nicht angesprochen. Die Schüchternheit… und als ich sie dann beim Frühstück in der Jugendherberge in Philly sah, habe ich nicht gezögert. Zum Glück sind wir sehr gute Freundinnen geworden, wir sind zum Grossteil zusammen durch die USA gereist, von DC nach New Orleans, bevor jede in eine andere Richtung weitergereist ist, sie in den Westen, ich nach Kolumbien. Dann haben wir uns wieder in Indonesien getroffen, wo wir eineinhalb Monate lang zusammen bis nach Hongkong gereist sind. Danach haben wir uns mehrmals in Europa getroffen und letztes Jahr sind wir zusammen einen Monat lang per Anhalter durch Argentinien gefahren. Mit ihr reise ich am liebsten und das Abenteuer ist noch nicht zu Ende!

Hattest du die Reiseroute genau geplant, und wenn ja, hast du dich daran gehalten?
Ich hatte eine genaue Vorstellung von meiner Reiseroute und dann habe ich sechs Monate vor meiner Abreise alles über den Haufen geworfen, weil ich mir dachte: «Warum soll ich mir vorschreiben, wo ich wann wohin fahre?» Ich nahm den billigsten Flug nach Südamerika (der über Island und die USA ging) und habe von da an improvisiert, je nachdem was mir gerade gut gefiel.

Ein Ort, der nicht unbedingt touristisch ist, den du aber empfehlen kannst?
Paraguay, um die südamerikanische Ruhe in ihrer vollen Makellosigkeit zu entdecken.

Was war das seltsamste Gericht, das du je gegessen hast und wo war das?
Ein Seestern am Spiess in China.

Auf so einer Reise gibt es ja jede Menge landschaftliche Höhepunkte. Kannst du uns einen oder zwei empfehlen, die dich besonders beeindruckt haben?
Alle Tage in der Antarktis waren absolut verrückt, die Gletscher in Patagonien im argentinischen und chilenischen Patagonien, die Wasserfälle von Iguazu, die prächtige Landschaft in Neuseeland und Island, die Vulkane und die Strände in Indonesien, die Tempel von Bagan in Myanmar und in Angkor (Kambodscha), die tibetanischen Hochebenen von Sichuan in China…

Würdest du sagen, das die Reise dich verändert hat (beruflich, persönlich)? Wenn ja, auf welche Weise?
Beruflich, ja, da ich mich selbstständig gemacht habe und ich mir nicht vorstellen kann, noch einmal in einem Unternehmen zu arbeiten. Persönlich total. Ich bin weniger schüchtern, offener, geradezu fanatisch unabhängig, etwas einzelgängerischer, und ich habe nur noch vor wenigen Dingen Angst. Ich komme allein noch besser zurecht als vorher. Ich bin auch offener für die Welt.

LUDOVIC

Wie lange hast du für die Vorbereitung dieser Reise gebraucht, von der Entscheidung bis zur Abreise?

Im Kopf seit ich acht Jahre alt war. Ich habe schon immer gerne Weltkarten studiert und mir gesagt, dass ich gerne hier und dort hin wollte. Die eigentliche Vorbereitung hat etwa sechs Monate gedauert (Internetseite, Suche nach Reisepartnern usw.)

Wie haben deine Freunde und Familie reagiert, als du ihnen von deinen Reiseplänen erzählt hast?

Meine Mutter sagte: «Magst du nicht lieber durch die Schweiz reisen?» Ihr wäre es sicher lieber gewesen, wenn ich eine Hochzeit oder ein Kind angekündigt hätte, aber sie hat mein tiefes Bedürfnis, den Planeten zu entdecken, verstanden. Mein Vater hingegen empfahl mir, nicht länger als sechs Monate zu verreisen, denn sonst könnte ich «den Kontakt zum echten Leben verlieren». Heute fühle ich mich mehr verbunden mit meiner Umwelt, mit den Menschen und den Herausforderungen des Planeten als je zuvor… und vor allem mit mir selbst.

Ludovic

Nizza
FRANKREICH

Alter zu Beginn
der Weltreise
25 JAHRE

www.exploring-beyond.com
www.ludovichubler.com

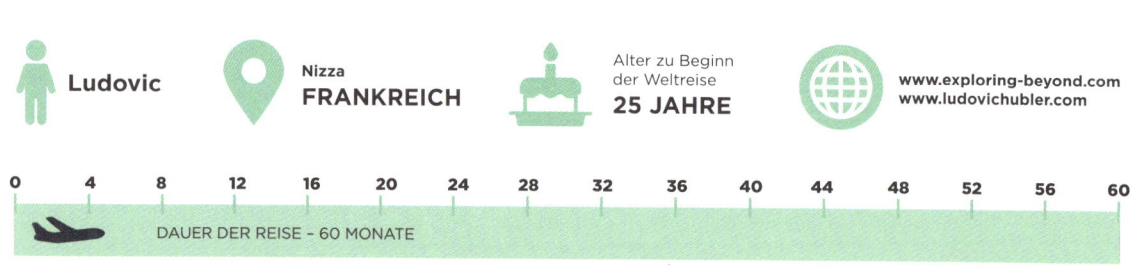

0 4 8 12 16 20 24 28 32 36 40 44 48 52 56 60

DAUER DER REISE - 60 MONATE

ABREISE 01.01.03

Gesamtbudget
für die Weltreise
25 000 €

Beruf vor der Abreise
Student und Berater
Beruf nach der Rückkehr
Leiter einer NGO (Travel With A Mission)

ART
DES
URLAUBS
**Ende des
Studiums**

**MEHR ALS 50 LÄNDER
AUF 7 KONTINENTEN BESUCHT**

Art des Flugtickets
**1x per Anhalter mit dem
Flugzeug von Dakar
nach Las Palmas**

Transportmittel
Alles per Anhalter

Wie bist du auf die Idee gekommen, eine Weltreise zu machen? Gab es einen Auslöser?
Es war ein Traum, den ich hatte, seit ich klein war. Ich wollte schon immer wissen, wie es anderswo ist. Das Trampen ist im Alter von 16 Jahren in mein Leben getreten. Meine Mutter war sehr beschützerisch und wollte mich überall hinfahren. Mein Vater aber wollte einen improvisationsfähigen, unabhängigen Sohn, deshalb hat er mich zum Trampen ermutigt. Er dachte nicht, dass das zu einer Weltreise per Anhalter führen würde…

Du hast dich dazu entschieden, per Anhalter zu fahren. Wie ist dir Idee gekommen? Warum?
Das Trampen ist für mich eine hervorragende Schule des Lebens. Das Trampen hat meine Persönlichkeit und meinen Charakter geprägt. Durch diesen Umweg habe ich viele Dinge gelernt: Geduld, Durchhaltevermögen, Anpassungsfähigkeit, Improvisationsfähigkeit, Toleranz, einen offenen Geist zu haben, Diplomatie usw. Meine Weltreise war eine Möglichkeit, um aus meiner Blase herauszukommen, der Realität der Welt in die Augen zu sehen. Ich nenne das gerne das Doktorat der Strasse, wo sich meine Professoren nicht in einem Klassenzimmer aufhielten, sondern am Steuer eines Autos, Lastwagens usw. sassen.

Was war das ungewöhnlichste Transportmittel, mit dem du unterwegs warst? War das auch beim Trampen?
Ich bin zum Beispiel einmal mit einem Leichenwagen mitgefahren, aber es befand sich kein Toter im Wagen. Ich bin auch mit Segelschiffen getrampt, um über die Ozeane zu kommen, und mit einem Eisbrecher, um in die Antarktis zu kommen.

Eine Reise besteht aus vielen schönen Begegnungen. Gibt es solche, die dich besonders beeindruckt haben?
Ja, mehr als eine oder zwei. Natürlich ist die Begegnung mit meiner Frau in Panama sehr wichtig. Als mich der Dalai Lama empfing, das war auch eine sehr wichtige Begegnung. Aber abgesehen davon hat mich vor allem beeindruckt, wie die Leiter der NGOs all ihre Energie darin investieren, dass sich das Schicksal der Ärmsten verändert. Das sind diejenigen, über die man auf der ersten Seite in der Zeitung lesen sollte, aber leider sprechen wir nur sehr wenig von diesen Helden des Alltags. Darüber hinaus alle Menschen, die mir die Hand gereicht haben, als sie mir die Tür zu ihrem Auto oder Haus öffneten.

Was war das grösste Problem auf deiner Reise?
Das Schwierigste auf einer Weltreise ist nicht das Trampen mit dem Auto, sondern mit dem Schiff. Um ein Auto zu finden, braucht man ein paar Stunden. Um ein Schiff zu finden, braucht man normalerweise mehrere Wochen. Ich musste jedes Mal sehr abmühen, um ein Schiff zu finden, das bereit war, mich mitzunehmen. Des Weiteren hatte ich aber auch Schwierigkeiten, zum Beispiel wenn ich krank war oder den Fahrer bitten musste, dass er anhält, damit ich auf die Toilette gehen kann.

Was war das seltsamste Gericht, das du gegessen hast, und wo war das?
Ich habe alle möglichen seltsamen Dinge gegessen, wie Spinnen, Schlangen, Skorpione und allerlei Insektenarten, vor allem in Südostasien.

Wenn du jemandem, der morgen abreist, nur einen Rat geben könntest, was würdest du ihm sagen?
Dass er sein Herz öffnen und gut hinhören soll. Die Natur hat uns mit zwei Ohren und einem Mund ausgestattet, um doppelt so viel zu hören wie zu sagen. Und dass er sich so viel wie möglich mit seinen Fähigkeiten nützlich machen soll, zum Beispiel mithilfe der Plattform Travel With A Mission (TWAM - www.travelwithamission.org).

Wie hat die Weltreise dein Leben beeinflusst? Bist du reisesüchtig geworden?
Das Reisen ist wie eine Droge. Je mehr du reist, desto mehr willst du reisen. Meine Leidenschaft für das Reisen und Entdecken hat sich mit der Zeit nicht verändert. Im Gegenteil. Ich glaube, ich verstehe die Dinge heute besser, zeige mehr Empathie. Wenn ich zum Beispiel einen Artikel über Nicaragua lese, kann ich zwischen den Zeilen lesen und mich daran erinnern, dass mir irgendjemand dieses oder jenes erklärt hatte. Das macht mein Leben interessanter. Ich habe auch gelernt, mehr im Hier und Jetzt zu leben und mir meines Privilegs bewusst zu werden, das ich durch eine gute Ausbildung habe. Eine Erkenntnis, die mich dazu ermutigt hat, mich in meinem Berufslebens auf Arbeiten mit einem gesellschaftlichen Ansatz zu konzentrieren.

Kannst du uns kurz mehr über TWAM und TWAMER erzählen?
TWAM ist eine Internetplattform, die direkt und kostenlos Kontakt zwischen denjenigen herstellt, die Fähigkeiten, Kompetenzen und Erfahrungen teilen möchten (die Twamer) und denjenigen, die sie entgegennehmen möchten (die Twamhosts). Wenn jemand zum Beispiel Leute für alternative Energien sensibilisieren oder Erste Hilfe in den Schulen der Welt unterrichten möchte, hilft die Plattform ihm dabei, mit Lehrern in Kontakt zu treten, die diese Unterstützung wünschen. Dasselbe gilt für Gitarristen, die in den Krankenhäusern auf der Welt spielen möchten. Die Plattform hat momentan etwa 5000 aktive Nutzer. Wir machen auch andere Sachen, die über die Plattform hinausgehen (Organisation von solidarischem Team-Building für Unternehmen usw.).

APPRENTIS NOMADES

Wie viel Zeit habt ihr für die Vorbereitung der Reise gebraucht?

Die Idee entstand am 25. Dezember 2014. Das Boot kauften wir fünf Monate später. Und ein Jahr später sind wir losgesegelt. Vor der Abreise brauchten wir eineinhalb Jahre für die Vorbereitungen.

Wie haben eure Freunde und Verwandten reagiert, als ihr die Reise bekannt gegeben habt?

Wir haben zwei verschiedene Meinungen zu hören bekommen: «Wow, ihr habt recht, ich würde am liebsten auch wegfahren!», und auf der anderen Seite jene, die dachten, wir seien verrückt, und sagten: «Ihr könnt das Boot doch noch nicht einmal steuern.»

Wie ist euch die Idee der Weltreise mit dem Segelboot gekommen? Gab es einen Auslöser?

Am 25. Dezember 2014 sassen wir zu dritt in Normans Auto, um zu Téo nach Holland zu fahren. Julien schenkte Téo ein Buch über 1001 Reisen auf dem Wasser aus der GEO-Reihe. Daraus entstand eine Diskussion über die Weltreise mit dem Segelboot und die Frage: «Was hindert uns daran, es zu tun?»

 **Julien, Norman und Téo**

 Sangatte
Lille
Wimereux
FRANKREICH

 Alter zu Beginn der Weltreise
27, 28 und 27 JAHRE

 www.apprentisnomades.org

| 0 | 4 | 8 | 12 | 16 | 20 | 24 | 28 | 32 | 36 | 40 | 44 | 48 | 52 | 56 | 60 |

 DAUER DER REISE – 36 MONATE VORGESEHEN (VERLÄNGERT UM 18 MONATE)

 16.06.16

 Beruf vor der Abreise
UNTERNEHMENSBERATER

Beruf vor der Abreise
ZULIEFERER IN LEITENDER ANSTELLUNG

Beruf vor der Abreise
LOGISTIKINGENIEUR

9 LÄNDER BESUCHT

BEREITS BESUCHT: FRANKREICH - KANALINSELN (GUERNSEY, SCILLY ISLANDS) - IRLAND - AZOREN - KANARISCHE INSELN - SENEGAL - MADAGASKAR

VORGESEHEN: KERGUELEN-ARCHIPEL - AUSTRALIEN - NEUSEELAND - INDONESIEN - PAZIFIKINSELN - CHILE - ARGENTINIEN - BRASILIEN ...

 Kg Segelyacht **15 T** - Gas **400 KG**
Wasser **700KG**
Lebensmittel **100 KG**
Computertechnik **400 KG**
Persönliche Dinge **50 KG**

 ART DES URLAUBS KÜNDIGUNG

 Transportmittel
LA JULIANNE
Eine Stahlsegelyacht Zweimaster

 Budget für die Vorbereitungen
65 000 €
Kosten pro Jahr
15 000 €

Ihr seid mit dem Segelboot losgezogen, hattet ihr vor der Abreise Erfahrung? Wenn nicht, wie ist es euch beim Lernprozess ergangen?

Als wir die Idee zur Weltreise hatten, hatten wir ein wenig Erfahrung mit einfachem Segeln (Optimist, Katamaran, Windsurfen, Kitesurfen). Téo hatte auch schon einmal als Crewmitglied mit einer Familie den Atlantik überquert. Also haben wir zwei Segelkurse auf den Glénan-Inseln gemacht. Nachdem wir die «Julianne» gekauft hatten, lernten wir nach und nach aus vielen Fehlern und von den vielen Seeleuten um uns herum. Da wir bei der Abreise wussten, dass wir nur sehr wenig Erfahrung hatten, waren wir immer sehr vorsichtig und versuchten in jedem Bereich immer tiefer einzusteigen, um die besten Entscheidungen treffen zu können.

Vor eurer Reise habt ihr einen Verein gegründet, Apprentis Nomades. Könnt ihr uns mehr über eure Ziele, eure Motive erzählen?

Mit Apprentis Nomades wollen wir uns das Staunen erhalten, unseren Weg finden und anderen die Lust weitergeben, sich in ihr Projekt zu stürzen, welches das auch immer sein mag. Dafür starten wir auf dieser Weltreise gemeinnützige Initiativen oder Initiativen für den Umweltschutz und den Sport, die wir mit Videos dokumentieren, die dann auf den sozialen Netzwerken und unserer Website verfügbar sind.

Auf einer Reise trifft man viele tolle Leute, aber erinnert ihr euch an eine oder zwei Begegnungen, die euch besonders geprägt haben?

Die knapp 50-jährige, sehr talentierte belgische Malerin Eugénie. Sie begegnete uns auf der Azoreninsel Flores, wo sie sich gerade von gesundheitlichen Problemen erholt hatte. Seit unserem Treffen hatte sie sich zum Ziel gesetzt, Kapitänin eines Segelbootes zu werden und sich ins Abenteuer zu stürzen. Heute hat sie sich ihren Traum erfüllt und fährt jeden Tag mit ihrem Boot. Eine tolle Wende für eine erstaunliche Frau.

Salif ist Gemeindeanimateur im Dorf Diogane in der abgelegenen Region Sine Saloum im Senegal. Er führt gern philosophische Diskussionen über die Welt von heute. Er stellt Projekte auf die Beine, um die pädagogischen (Ausbau von Kinderkrippen) und wirtschaftlichen Aktivitäten (Umwandlung der Obsternte in Saft) in seinem Dorf zu fördern. Dank ihm haben wir viel über die von Einfachheit und Brüderlichkeit geprägte senegalesische Kultur gelernt.

Hattet ihr in diesen ersten zwölf Monaten irgendwelche grösseren Probleme? Ein grosser Sturm? Eine Panne? Piraten?

Das Navigieren zwischen Südafrika und Madagaskar in den Roaring Forties war sehr technisch, weil wir sehr spät in der Saison dran waren. Es gab jede Woche grosse Tiefs. Wir steckten vier Tage lang fest bei Winden bis zu 100 km/h und bis zu 7 Meter hohen Wellen. Das war sehr anstrengend. Weder essen noch schlafen war einfach, aber die «Julianne» hat es gut ausgehalten. Piraten waren keine in Sicht. Wir haben versucht, die riskanten Zonen zu vermeiden.

Eure längste Zeit auf dem Meer ohne Landgang war zwei Monate. Was ist die grösste Herausforderung, wenn man sich auf eine so lange Zeit vorbereitet, in der man die Erde nicht berührt?

Die Fahrt zwischen Kap Verde und Südafrika hat 53 Tage gedauert. Neben den möglichen technischen Pannen und der Analyse der Wettervorhersage war die Vorbereitung der Beladung eine grosse Herausforderung.
- Wie lagert man Süsswasser bei einem täglichen Verbrauch von 3 Liter pro Person: 400 Liter im Tank + 350 Liter Mineralwasser für den Notfall?
- Wie bewahrt man so lange wie möglich frische Produkte ohne Kühlschrank auf: Fleisch, gesalzenen Fisch, etwas Obst und Gemüse, und wie verpackt man Eier?

Was war ein typisches Essen an Bord? Angelt ihr?

Auf der Speisekarte der «Julianne» gibt es Verschiedenes. Wir kochen gerne und wir improvisieren, wenn die Lebensmittel an Bord weniger werden. Wir machen unser eigenes Brot, unser Müsli, unser Gebäck für den Apéro, unser Fleisch und unseren gesalzenen Fisch, unser sauer eingelegtes Gemüse und unsere Kekse oder allerlei Desserts. Wenn wir einen grossen Fisch fangen, zum Beispiel einen Thunfisch mit 20 Kilo, bereiten wir ihn zwei Tage lang als Ceviche, Sushi, Steak, Burger oder Ragout zu. Da wir keinen Kühlschrank haben, salzen wir, was vom Fisch übrig bleibt, trocknen ihn oder verarbeiten ihn zu Schmalz, Lasagne, Pizza oder Tagliatelle Carbonara.

Wenn ihr jemandem einen Rat geben müsstet, der morgen abfährt, was würdet ihr ihm sagen?

Keine technischen Ratschläge, dafür ist es zu spät. Also: Öffne deine Augen und dein Herz! Vor allem: Lebe in der Gegenwart und lass dir nichts entgehen!

UND JETZT
SEID IHR DRAN ...